帝企鹅

销售心理学

直抵客户内心需求的成交术

冷湖 —— 著

天津出版传媒集团

天津人民出版社

图书在版编目（CIP）数据

销售心理学：直抵客户内心需求的成交术 / 冷湖著
. --天津：天津人民出版社，2019.4
（帝企鹅）
ISBN 978-7-201-14590-7

Ⅰ.①销… Ⅱ.①冷… Ⅲ.①销售—商业心理学—通俗读物 Ⅳ.①F713.55-49

中国版本图书馆CIP数据核字(2019)第037924号

销售心理学：直抵客户内心需求的成交术
XIAOSHOU XINLIXUE ZHIDI KEHU NEIXIN XUQIU DE CHENGJIAOSHU
冷湖 著

出　　版	天津人民出版社
出 版 人	刘　庆
地　　址	天津市和平区西康路 35 号康岳大厦
邮　　编	300051
邮购电话	（022）23332469
网　　址	http://www.tjrmcbs.com
电子信箱	tjrmcbs@126.com

责任编辑	谢仁林
特约编辑	范　颖
封面设计	BookDesign Studio 阿鬼设计

制版印刷	河北华商印刷有限公司
经　　销	新华书店
开　　本	880×1230毫米　1/32
印　　张	8.5
字　　数	145千字
版次印次	2019 年 4 月第 1 版　2019 年 4 月第 1 次印刷
定　　价	45.00元

113　**第五章　吸引力原则——让客户主动接近你**

有价值的客户不是硬抓来的，而是被吸引来的。销售人员最终要靠春风化雨的影响力赢得客户认同，而不是对客户指手画脚。拉近彼此距离，营造吸引客户的强大气场，让客户主动接近你，会让你在销售的任何方面都立于不败之地。

143　**第六章　解析读心术**
　　　　　——离对方的心越近，离失败就越远

知己知彼，百战不殆。在销售中，免不了遇到各种各样的客户，想要拿下单子，只有先了解客户，找到客户的心理需求。客户一伸手，你就知道他要拿什么，客户一张口，你就知道他要说什么，还有谈不下的订单吗？

序
苦练话术还不够，洞悉人心是王道

人类面对的很多难题，其实都是由心而起。

当全世界都在倡导学习管理学、经济学、金融学等学科时，有些人忘记了，这些技能的发力原点是心理学。读懂了人心，就能打动人心；具备了掌控人心的能力，任何事情自然无往不利。

对于一个优秀的销售员来说，其最强之处并非在于认识多少客户，也并非在于拥有多少年的从业经验，而是在于具有过硬的心理素质和解读、操控他人心理的能力。销售看似是一种有关营销学、广告学和经济学的商业行为，其实融合了心理学、语言学等复杂的知识体系。一个合格的销售员，不会惧怕与客户展开心理博弈，因为这是从陌生人到建立交易关系的必然过程。当然，要想快速地完成交易，需要让对方跟随自己的思路走。正如那句话所说："成功的销售员一定是一个伟大的心理学家。"

很多销售员心中充满疑问：为何自己费尽口舌说了一堆，客户却不买账呢？为何自己态度诚恳，客户依然疑神疑鬼呢？为何眼看着就要付款了，客户却突然反悔呢？其实，这都是在把控对方心理的环节上出了问题。

销售既是一门对人类语言、心理以及行为的分析科学，也是一门研究话术、社交法则和待人接物的实用艺术，只有用动人的语言才能打开客户的心扉，只有用得体的交往才能巩固和客户的关系，只有用精准的需求分析才能让客户认同你的专业素质……销售就是用最恰当的方式打消客户的所有疑虑并最终说服对方的综合技能。

如果一个销售员不懂得心理学，那么就如同在黑暗中摸索，既找不到正确的方向，又会跌倒在地，犯下致命的错误。一旦掌握了心理学，就可以将客户从营销目标转化为知心朋友，让对方给予你足够的信任、尊重和期待，而这正是营销的魅力之一。一个能够洞悉人性并引导人心的销售，才是客户最需要的人。

国外曾经做过一项调查，超级销售员的业绩是普通销售员的三百倍，而这些人无一例外都是读心高手。他们并没有天然强大的气场，也未必都是能言善辩之辈，但是他们能够迅速和客户拉近距离，让客户认同他们推荐的产品并形成亲密的合作关系，他们是将心理学和营销学完美结合在一起的高人。

尽管很多销售员懂得心理学的重要性，然而在实际操作中却不能成功运用，这未必是缺乏经验，也可能是缺少深入细致的分析，往往会把客户的一句敷衍之词当成是购买意向的信号，或者把客户的本能拒绝视作失败的征兆……其实，人心是简单的，也是复杂的，简单是因为它会遵循相对适用的互动规律，复杂是因为它会衍生出很多虚假现象，这就需要销售员不急于做出判断，而是要从情景出发，换位思考，才能得出科学的结论并制定个性化的应对策略。

销售是一场心理交锋，谁对自己更有信心，谁就掌握了先机，谁对他人了解更透彻，谁就拥有了胜算！

第一章
售前识人学
——了解客户是什么人

销售打的是一场心理战，察言、观色、攻心是销售员的制胜法宝。与人的言语相比，无意识的肢体语言更能真实地反映人的内心世界。销售不是打嘴仗，与客户打交道，了解客户的心才能更好地搞定他们。通过小动作识破他们的内心机密，往往会让你的"进攻"更顺畅。

1. 捕捉每一个微表情信号

法国作家罗曼·罗兰曾说："面部表情是多少世纪培养成功的语言，是比嘴里讲的更复杂千百倍的语言。"

人们通过一些微表情将内心的感受表达出去，进而被外人接收到。微表情和表情的不同之处在于，它存在的时间非常短暂，最短只持续0.04秒，却能够泄露出人类最真实的信息。

一个好的销售员一定是一个善于捕捉微表情的人，因为客户的消费心理往往不会通过他们的表情去体现，很可能对方一直面带微笑，但是心里却骂着你们的产品为什么这么贵。当你成功捕捉到这个信息之后，就能寻找到客户的痛点，顺利地促成交易。

丽丽是一家商场的导购，这天刚开门就来了一个女客户，女客户盯着展示柜里的电动剃须刀看了一会儿，丽丽马上凑过去问："女士您好，请问是给您的丈夫还是好朋友选购呢？"女客户一听就把眼睛瞟到旁边充电宝的柜台上，丽丽这才意识到自己问得有些唐突——可能女客户要送的不是丈夫而是情人，因为对方有回避问题的举动，于是丽丽马上又说："这款飞利浦的剃须刀造型新潮，配备多种贴心的功能，会让使用者非常喜欢的。"女客户一听，视线又落回到柜台上，呈现出光芒四射的感觉。丽丽认为自己判断正确——女客户想通过这个礼物让情人高兴，可能他们之间正在冷战，需要一件小礼物来修复关系。于是丽丽又说："我们现在还有礼品打包服务，别的专柜目前都没有，相信您会满意的。"女客户二话不说就购买了一款剃须刀。

通过这个故事我们可以发现，微表情能够暴露出客户的真实想法，也是打开营销僵局的关键，那么就让我们来看看一些常见的微表情背后的含义。

含笑，这是很常见的笑容，通常是指程度较浅，既没有声音也不露齿的笑容，一般可以认为是善意的或者是礼貌的微笑。通常那些有素质的客户面对销售员时都会呈现出这种笑容，如果客户一直面容含笑，那么说明对方至少没有厌烦你；如果含笑是出现在交谈几分钟之后，那说明客户对你的推销有了初步的认可；如果含笑转瞬即逝，那说明你们在沟通的某个环节出现了问题，你必须马上检讨自己是否说错了话。

苦笑，也是容易见到的微表情，但是一般人不会让它出现的时间太长，往往只存在一两秒钟。一般苦笑代表着两种情况：第一，销售员给客户施加了压力；第二，客户对商品不满意。总之，客户处于为难状态，这时候你就要站在客户的角度替对方解决问题：如果是因为施压就要找到折中的解决方案，如果是客户对商品不满意，那就不妨换一个商品或者换一种交易形式。这样一来，客户会感觉到你的善解人意，说不定下一次合作还会找你。

皮笑肉不笑，通常不是什么招人待见的表情，代表着轻蔑和反对。如果出现这种笑容，那说明客户对你或者你的商品很有成见，这时要想改变对方的看法就要做出较大的努力，无论是在价格商议上还是售后服务上，都要在条件允许下做出大尺度的退让，否则不痛不痒的妥协是不会改变对方的想法的。最重要的是，销售员不要因为客户的这种态度而心灰意冷，要尝试寻找新的突破口，让对方接受自己的观点。

撇嘴，如果发生一次并不能代表什么，但如果频繁地撇嘴，那说明客户已经感觉到了烦躁，这时候我们应当给客户表达自己观点的机会，这样才能澄清误会，让沟通顺利继续下去。

噘嘴，这也是一种表示反对或者不满的情绪信号，出现这种情况时，你就要尽量让客户放松心情，比如暂时放下正题讲一个笑话，让客户卸下压力，然后再切回到正题，容易让对方将愉快的心情带回到严肃的话题中。

眉毛虽然在五官中的地位不是特别突出，但是也能暴露出很多信息。当客户对你的话感兴趣的时候，眉毛会时不时地上扬，这意味着你可以按照当前的思路继续说下去，不要轻易改变话题；相反，如果客户的眉毛有向下弯的痕迹，那么对你的客气就不是发自内心的。

眼睛是心灵的窗口，也是销售员读懂客户内心的关键。通常情况下，一个人正视着你表示一种郑重其事，仰视代表着尊重，斜视则意味着轻蔑，俯视则可能是有些害羞。如果客户对你的商品感兴趣，瞳孔会有放大的趋势，这表明对方充满了好奇心；相反，如果空洞无神甚至不拿正眼去看，那就说明你的商品没有对客户带来吸引力。

眯眼皱眉也不是一个好的表情，这代表着客户没有听懂你的讲述或者是对你表达的内容表示怀疑，这时候你就要重复一些较为专业和复杂的内容，或者直接向客户询问，否则对方的思维还停留在那些没有弄懂的内容上，根本没心思继续谈话。

频繁眨眼，一般代表着对方心跳加速，也就是说客户有些焦虑，对方可能在考虑是不是要和你签订合同以及交易之后可能带来的问题，这时你就要多从对方的角度出发，帮助客户解决心病，打消顾虑。

当客户说谎时，整张脸看起来会很不协调，显得僵硬和凝固，心理学家研究发现，人类的眼球向右侧更容易移动，所以为了配合眼球的运动，左脸就要模仿右脸，但是速度却跟不上，因此观察人的左脸肌肉运动更容易捕捉到情绪的变化。

销售是一场心理博弈，不仅考验销售员的口才，更考验对客户的微表情捕捉能力，读懂了微表情就能和对方的情绪保持同步，就能顺利地找到解决问题的方案，否则你会陷入自以为是的错误套路中，白白浪费时间。只有当我们真正了解客户的内心需求时，我们才能向他们推荐最适合的产品和服务，让我们在销售中立于不败之地。总之，一个成功的销售员并不需要有多聪明，而是需要有足够的细心和耐心，愿意走进客户的内心世界，这才是一切业绩的开始。

2. 小动作是破解心理的密码

相较于微表情，小动作的信息量更加复杂，并且解读小动作在实际操作中更实用，毕竟微表情的捕捉需要不断盯着客户，在某些场合会让客户感到不适，但是一个小动作却可以用余光来捕捉，同样能够发现对方的情绪和心理变化。

小动作虽小，但是同样隐藏着很多信息，只要能正确解读其中的一个，或许就能帮助你完成最后的交易。当然，这需要一段时间的观察和训练才能掌握。

销售员小王在一次展会上遇到了客户孙经理，趁机向对方推荐公司的新产品："孙经理，这是我们公司开发的新产品，价格优惠，如果您有兴趣的话我给您介绍一下。"孙经理下意识地打了个响指，小王认为有戏，于是就接着说："今天有很多同类竞品，但是我们公司的产品和其他公司的产品相比，竞争力更强，如果贵公司需求量很大的话，我会给您最优惠的价格，您可以考虑一下。"孙经理很快和小王约定了会谈时间，最后小王如愿以偿地拿到了订单。

其实，小王破解孙经理心理密码的关键就在那个打响指上。俗话说十指连心，人的心和手指是相通的，手势能够反映一个人的情绪状态，当孙经理打响指的时候就表示情绪高亢，说明他对小王公司的产品有一定的兴趣，这就给了小王搞定客户的信心和动力。

一位美国心理学家说过，不管一个人站着还是坐着，他的站姿和双脚的位置总会有意无意地暴露他的性格。所以，只要多留心客户的这些小动作，就能从看似支离破碎的信息中拼凑出完整的内容。下面，我们来解读一下常见的几种小动作。

揉眼睛，如果排除了客户眼睛里进了沙子这种情况，那么很可能这代表着客户对你的"感兴趣"是假装出来的，要仔细想想你的话术是否get到了客户的兴趣点上，不然你只能白白浪费时间又会招人烦。

揉鼻子，鼻子虽然可动的肌肉较少，但是也能观察到一些信息，比如，客户在轻微揉鼻子的时候可能意味着对方在说谎，这时就需要你提高警惕，不要以为已经搞定了客户，当然，如果客户揉鼻子的幅度较大，那说明对方只是鼻子发痒而已。

摸耳朵，如果客户在看合同的时候不断摸着耳朵，那说明对方还没有下定决心，还在犹豫之中，这时就要加大攻坚力度，尽快促成交易。

挠脖子，客户做出这种动作，通常代表着口是心非，内心处于矛盾的状态中，这时候你就要用话术摸清对方的真实想法，以免走上"歧途"。

拍打后脑勺，这是一个代表着懊悔的动作，比如，错过了你们的促销活动，或者在和你谈判的时候没有争取到足够多的利益。

手捂住嘴巴，通常这是客户想要收回刚才所说的话的下意识反应，这时你就要抓紧时间不给客户后悔的机会，尽快让交易进入实质性阶段。

将随身携带的东西放在身体的正前方，通常这代表客户有一定的抵抗心理，因为这些物品在客观上让你和对方被隔开，这说明销售员要想打开对方的内心还需要花费一些心思。

摆弄指甲，这是女性常有的动作，代表着一种厌恶的情绪，这说明对方对你或者你推荐的产品实在没有兴趣，那么就该考虑换下一个客户了。

揪衣服上的线头，这是一种不自在的表现，并不能说明客户对你不满，很可能是对你们当前交谈的环境或者场合不满意，比如人太多或者光线太暗，等等，这时你不妨考虑换一个环境更自然、舒适的地方，有利于沟通的继续。

手托腮看着你，这往往传递出一种批评的味道，很可能是客户对你表达的内容持否定的态度，这就需要你及时查漏补缺，避免对方的反感情绪发酵。

低头向下看，这往往意味着客户对你有一种不愿理睬的态度，这也说明对方可能不是你的目标客户，不如尽快结束话题。

身体向后倾斜，这种小动作传递的是对方不喜欢你的意思，相反，如果身体向前倾斜就是对你感兴趣的意思，既然知道对方的态度了，就要采用不同的应对策略。

不断交换着支撑脚，通常这是双方站着交谈的常见动作，这表示客户心里不太舒服，想要尽快结束谈话，你可能占用了对方的宝贵时间，不如约下一次见面再试试。

双手交叉护在胸前，通常这代表着对方对你心怀戒备，是一种典型的心理防御姿势，所以请你尽快终止当前的话题，先和对方建立足够的信任感，否则说什么都是无用的。另外，这种动作也代表着客户对自己充满信心，他可能会购买你推荐的产品，但是你不要去左右他的思想，如果触怒对方很可能会让你追悔莫及。

受制于立场因素，很多客户对销售员自带怀疑的情绪，因为他们知道你努力劝说他们掏钱是为了完成你的业绩，所以你很可能会把白的说成是黑的，把铁的说成是金的，因此经验老到的客户会隐藏自己的真实心理，甚至还会有意误导你。这时对方表达的语言往往就失去了判断价值，反而是他们的小动作更有说服力，作为销售员就必须学会从这些不经意间的举动中了解对方。

换一个角度看，当我们掌握了解读小动作的技巧之后，我们也可以用一些正面的、友善的小动作去拉近和客户的心理距离，比如身体向前倾、双手交叉（做祈祷状），这些都代表着你对客户本人以及所说的内容有兴趣和亲近感，能赢得对方的信任，促成你们的交易。反之，那些令人不快的小动作要避免，我们不要忘记，当你在解读客户的心理时，对方或许也在解读你。

3. 言谈举止对应的性格类型

俗话说，一样米养百样人。每个人与生俱来的性格都有很大不同，这些性格决定了相差迥异的行为方式，而只有对不同性格的人对症下药，才更容易搞定对方，这也是成为优秀销售员必备的素质。

那么，如何在短时间内判断一个人的性格类型呢？除了解读表情和动作之外，最直接的方法还是沟通，不过重点不在沟通的内容，而是沟通的方式和态度，也就是我们俗称的"言谈举止"。

经常说礼貌用语的客户，通常有一定的文化修养，他们会把"请""谢谢""麻烦你了"之类的话挂在嘴边，表现出一种对他人的尊重和体谅之心，也比较包容。面对这一类客户时，销售员承受的压力较小，可以尽快进入主题。因为这种客户性格相对随和一些，所以内心防线不是很强，他们在面对销售员的说辞时，容易被对方的思想左右，不会当面拒绝，而是会耐心地听下去，如果能够在沟通中加入一些幽默的元素，对他们的杀伤力会更强。

沉默寡言的客户，生活相对封闭，对外界事物表现出一种冷淡的态度，和陌生人之间总是保持着距离感，对自己世界中的变化表现得非常敏感，所以对他们推销时很难让对方直接接受，尤其是过于热情的对话，会让对方感觉不适。因此面对这一类客户的时候要保持恰当的距离，不要让对方觉得你是"居心叵测"，因为一旦形成成见，后续的沟通就会异常艰难。

善于使用恭敬用语的客户，注意，这一类人和使用礼貌用语的人区别在于，他们会刻意地恭维你，比如夸你的容貌、赞誉你的产品，等等，这并不意味着他们真的有修养，而是比较圆滑世故，因为他们对人有着很强的洞察力，知道你愿意听什么样的话。面对这类客户时一定要提高警惕，别让自己做出错误的判断。

说话简洁的客户，通常喜欢开门见山的沟通方式，不喜欢拖泥带水，做事比较干脆，往往说到做到，他们通常是性格豪爽、果断坚毅的人，所以和他们打交道尽量不要绕圈子，否则会降低对方对你的好感度。由于他们对待事物总是保持着严肃和正直的态度，所以有着清晰的逻辑，单靠口才难以说服对方，需要打一打感情牌，一旦将对方打动，他们甚至会帮你介绍新的客户。

　　说话拖拉的客户，恰好与豪爽的人相反，他们责任心不强，喜欢推脱责任，也比较婆婆妈妈，尤其是对一些鸡毛蒜皮的小事喜欢纠缠不清。面对这种客户，不要和他们进行无意义的争辩，要直击要害，避免浪费时间，当然也不要得罪他们，因为这种人的内心十分敏感和脆弱，他们的情绪经常处于不稳定的状态中，所以销售员一定要有耐心，否则很难拿下他们，但是如果你们建立了信任关系，他们会对你产生足够的黏着度，因为他们和其他人建立信任关系也很困难。

　　好为人师的客户，往往是自我为中心，有些刚愎自用，还爱慕虚荣，而且有强烈的表现欲望，希望引起别人的注意，他们看起来不是很好相处，但是只要学会迎合他们也就抓住了对方的弱点。需要注意的是，不要试图说服他们，要不断给对方发表看法的机会，这样才能从他们的言谈中发现对方的潜在需求，更容易找到突破口，一旦对方陷入这种亢奋的状态中，他们将失去对你和产品的辨识能力，这时候稍加引导就能让对方上钩。

　　说话刻薄的客户，通常对他人缺乏足够的尊重，总是用一种挑剔的目光去审视他人。他们很少有朋友，而他们自己也不会意识到这一点，对于这种人要尽量避开，如果实在要和他们打交道，要显示出你的自信，这样才能打消对方的疑虑。需要注意的是，你不要依靠口才取胜，而是要依靠事实，因为这类客户十分反感别人夸夸其谈，加之他们先入为主地怀疑你，如果没有足够的证据很难让对方被你说服。

喜欢打击别人的客户，通常是嫉妒心较强的人，而且喜欢搬弄是非并争强好胜，对比自己强的人天生有一种敌意，所以面对他们时要把自己表现得弱一些，这样对方才能减轻对你的攻击性。由于对方喜欢说服别人，尤其当别人被自己打败时会有一种莫大的成就感，这时候你不妨做一下让步，比如，主动降低价格并恭维对方，会让对方觉得自己胜券在握，失去了判断力，你可以趁此机会一举攻破对方的心理关口。需要注意的是，千万不能在交谈中泄露关键信息，因为被对方知道后会对你进行更严厉的抨击。

除了通过说话来判断客户的性格之外，还可以通过"无声的语言"进行判断，比如一些行动姿态。

双眼平视站立的客户，一般来说，是信心十足、气场强大的，他们十分注意个人形象，也比较乐观开朗，对待他们不需要太多的套路，真诚的态度往往能够收获对方的信任。

双手插兜的客户，如果排除做这个动作是为了装酷之后，基本可以确定对方警惕性很强，是一个观念很传统的人。他们不会轻易地表达内心的情绪，对销售员的一举一动都带有戒备心，但这并不证明他们本身具有抵触情绪，而是被一些旧观念绑架了，销售员要减少和对方的沟通，试探性地询问对方是否有购买意愿，如果意愿不够强烈不如重新找个机会，因为想要攻破这类客户的心理大门是非常困难的。

双手叉腰而立的客户，这种客户自信心很强，而且阅历丰富，他们不会轻易被说服，而是坚信自己的观点，但也不代表他们对销售员存在敌意，只是要想说服他们最好从他们的经验出发，让他们觉得销售员是真正为他们考虑，这样才会卸下心理负担，愿意和你深度交流。

双手抱胸站立的客户，很可能是事业有成者，最差也是一个小组长，他们具有一技之长，对事物有着清醒的认识和判断，甚至比你还了解你推荐的产品，所以对他们不要采取蒙骗的手段，更不要与之辩论，而是打开天窗说亮话，告诉对方你的性价比是最高的，与别的卖家合作只能吃亏，这种直来直去的方式同样有机会促成交易。

当然，言谈举止只是了解客户的一个侧面，会存在一定的误差，比如，客户心情不好时，一个平时和善的人也可能说出打击别人的话，并不能说明他就是一个充满攻击性的人。由于存在着随机性，这就需要销售员结合客户的微表情、小动作、语言等多方面的线索做出判断，这样才能更准确地勾勒出客户的大致性格。而且，察言观色的法则不是一成不变的，需要你在实践中不断地摸索和积累，形成更科学的适用法则，而这也是一个销售员的必备素质之一。

4. 八卦客户更有效

　　销售员和客户的沟通，往往行走着两条路线：一条是明线，谈论的话题围绕产品；另一条是暗线，谈论的话题和产品无关。明线是主题线，它决定着你营销行为的走向，暗线是心理线，它决定着你对客户内心世界的探索面积。只有两条线都走好，才能在最短的时间内完成交易。

　　那么，暗线要围绕哪些话题去走呢？两个字——八卦。

　　跟朋友在一起，我们时不时会八卦一下某些人的逸闻趣事，这并非是恶意窥探别人的生活，而是通过八卦来侧面了解他人。同样，我们面对的客户也是千差万别的，为了获得业绩，我们需要通过客户的表现去了解他们的生活经验和阅历，这样才容易抓住他们的诉求点。比如，说话逻辑清晰的人，很可能是管理着几个手下的领导，要想打动他们就要用"创意"说服对方。如果对方在言谈中提到了"我夫人说了……"很可能他在家里没有话语权，那么就要从满足他夫人的诉求为突破口。对于一些眼高手低又谈吐不凡的客户，很可能他们曾经辉煌过后来陷入低谷，那就可以用相似的经历打动对方……

研究客户的生活状态，就是寻找他们的弱点。有些销售员认为营销很难，因为客户一上来就拒绝了自己，表现出一种不信任感，为什么说服客户会这么难呢？其实是因为我们还不够了解他们。在销售界有一句流传甚广的话："销售是98%对客户的了解加上2%的商品知识。"由此可见，那些成功的销售能手，都是能够深入了解客户的读心高手。

下面我们就来看看八卦客户给我们带来的好处。

● 八卦过去，是为了了解客户的潜在要求

一个人青睐什么类型的产品或者服务，往往和他们过去的某些经历有关，比如，有的人出身贫困，那么在经济状况改善之后，他们会注重提高生活档次，但也不会大手大脚地乱花钱。如果我们能够窥探出这一类信息，不妨在和客户推销的时候，把营销的重点放在"品质"二字上，比如可以这样说："您选购的这套红木家具，能够让整个客厅焕然一新，如果您有亲朋好友拜访，会给您挣回不少面子。"这样的表达就是抓住了客户想要改变自身形象、展示经济地位的潜在需求，顺着这个思路进行沟通，成交率会大大提高。

● 八卦生活现状，是为了更好地说服客户

客户当前的生活状态决定了对某一类产品或者服务的需求程度，当我们确定这个区域和层次之后，就容易预测交易的前景。当我们和客户初次见面时，需要从一些细节入手，发现客户过着什么样的生活。比如，客户是一位戴着珠宝的女性，在和你交谈的时候还有意无意地展示它们，那就意味着对方最近赚了一笔大钱，所以对方需要的不会是性价比很高的商品，而是奢华的能够拿出去炫耀的东西，这时候你就要推荐那些性价比不高但是闪耀度很高的商品，对方购买的意愿就会增加。

● 八卦家务事，是为了锁定核心目标

作为销售员，你要明白一个道理，手里揣着钱的人未必是最终的决定者，他们也许是奉命行事，而躲在他们背后的那个人才掌握着话语权，所以在和客户聊天的时候，可以侧面打探是刚结婚还是刚恋爱，然后从对方对恋人的描述中窥测出他们之间的关系：如果话语权不在他这边，就要从讨好恋人的角度进行营销，比如，一位男客户想要购买一个拉杆箱，你就可以趁机推销一款时尚的女包，如果客户处于热恋期或者蜜月期，那么他很可能会有购买的意向，说服难度很小。

一位地产销售员带着一对夫妇去看一幢房子，当这对夫妇来到房子的后院时，看到了一棵美丽的樱桃树，销售员发现妻子的表情十分高兴，她对丈夫说："你看，这棵樱桃树好美啊！"后来，这对夫妇进入客厅之后，发现地板陈旧破烂，表现出了不太满意的样子。销售员马上说："客厅的地板实在是有些旧了，但是你们站在这里，可以从窗户看到院子里的樱桃树。"后来这对夫妇又进入厨房，发现里面的设备非常老旧，销售员继续微笑着说："这些东西确实过时了，但是你们在这里做饭的时候，可以透过窗户看到院子里的樱桃树啊。"后来，这对夫妇无论对房子挑出何种缺点，销售员都一再强调院子里的那棵樱桃树，最后，这对夫妇终于买下了这栋性价比并不高的房子。

这位地产销售员的成功之处在哪儿？他看到了这对夫妇手上戴着的新婚戒指，知道他们的新生活刚刚开始，对浪漫诗意的居住环境很是向往，所以就将重点放在樱桃树上，让那位妻子陷入了爱情的甜蜜中，而丈夫为了取悦娇妻也不会提出反对意见。

● 八卦爱好，是为了寻找沟通的切入点

如果我们去客户的公司拜访对方，发现桌子上摆放着一些营养品，那就意味着客户对养生之道比较关注，这时我们就可以以此为话题和对方聊天，会让对方很感兴趣又不会排斥我们的推销，我们甚至可以将产品或服务与养生保健联系在一起，既能强化客户的购买欲望，还能够缩短彼此的心理距离。

销售员不要把客户当成行走的业绩表，不要忘记客户也是活生生的人，他们拥有自己的喜怒哀乐，而这些看似复杂错乱的情绪往往是搞定对方的关键，所以销售员应当设身处地从客户的立场出发，找到能够攻破他们心理防线的弱点。如果你很讨厌长舌妇、长舌男，那么请暂且收起这种观点，去畅快淋漓地八卦一下客户的生活，因为那里面藏着对你有重要价值的信息。

5.用"冷读术"了解客户

探知客户内心世界的方法是多样的，观察微表情、小动作这些可以从侧面了解对方的情绪和心理，但这些都是被动的，也就是说客户只有做出这些动作你才有了解的机会，所以为了让主动权掌握在我们手中，我们还需要主动出击，去刺探对方的内心世界。

日本作家石井裕之曾经写过一本轰动世界的心理学著作，名叫《冷读术》。这本书主要介绍了如何同别人搞好关系的技巧——特别是那种初次相识的人。简单概括，冷读术讲了两个核心内容：了解对方的心意和如何建立信任关系。

如果我们知道客户心里在想什么，就能制订出正确的营销计划，然后通过建立信任感让对方从感情上接纳你，那么接下来的交易就水到渠成了。当然，实施冷读术最好是在非商业性的环境中，因为这时客户的心理防御不会太强，更容易走进对方的内心世界。

如果你有机会和客户在饭桌上用餐，不妨使用冷读术中的

"杯子测量法"。

杯子测量法，就是把你的酒杯和客户的酒杯放得很近，然后观察对方在拿起杯子喝完之后再放到哪里：如果放在你杯子的旁边，就预示着和你的心理距离已经拉近了，如果将杯子又放回到自己那一边，说明你们两个人还存在着隔阂。

这个招数看起来有点玄妙，实际上是符合心理学中"象征"的理论的。因为杯子里装着的酒水或者饮料是要喝进肚子里的，对人的健康安全来说很重要，如果能够和别人的杯子靠得很近，就在一定程度上代表着对他人充满了信任感和安全感。所以，当你在饭桌上悄悄地做完了这个测试之后，再加上暗中的观察和揣摩，基本上就可以判断出客户对你是否有足够的信任或者良好的印象。如果客户对你有了初步的信任，那就可以继续推销；如果客户对你还存在着戒心，那你就要继续努力改变自己在对方心中的形象。

当然，酒杯测量法只是一种检测手段而已，并不能帮助你直接获得业绩，但是可以帮助你判断对客户采取的下一步行动，对于那些需要跟进大客户的销售员来说，实时了解客户对自己的态度，有益于掌控项目的推进速度、方向以及力度，只有全方位地对客户的心理动态做出判断，才能让你拥有更大的商业格局。

冷读术可以运用在很多社交环节中。比如，当你想从客户口中得知一些比较真实的信息时，就不妨采用冷读术中的否定疑问句法来试一试。

否定疑问句，就是不直接询问对方而使用猜测型的语句。举个例子，当你想知道别人家住在什么地方时，一般会问："您家住在哪里？"如果对方不想告诉你会直接回答："不好意思，我不方便透露。"但是如果你换一种方式问："您家住在幸福大街上吧？"对方往往会脱口而出："不，我家在复兴路上。"按照这个沟通理论，你可以从侧面刺探客户的合作意向。比如，你想打听客户是否想要购买产品时可以这样问："根据您公司的情况，先订三套设备差不多够用了。"对方很可能会被你套路地回答："不用那么多……要不就先订一套吧。"这就是冷读术的妙用。

除了刺探客户的心理，冷读术中还有一些说服技巧，比如"特异说话术"。打个比方，当你想对客户推荐产品时，如果直接吹捧很难让对方相信，不如间接地表达，效果就会好很多。比如，当你和客户谈到高尔夫球这个话题时，你可以说："我的一个客户，用我们产品七年了，他就非常喜欢高尔夫，简直到了痴迷的程度。"这句话表面上听着像在讨论高尔夫，而实际上却是在向对方透露"我们有一个七年的忠实客户""我们的产品非常具有使用黏性""我们的产品可以使用至少七年"。这样一来，客户就会不知不觉地被你们的产品所吸引，这时你再推荐就显得顺其自然了。

需要注意的是，实施冷读术最好不要选择在正式的场合，因为受制于环境的压力，人们会做出一些自我约束的表现，很少会有下意识的反应，所以很多常见的试探技巧并不能完全发挥作用。当你准备施展冷读术之前，先让客户置身于一个放松情绪的环境中，这样才能提高成功解读和测试的概率。

冷读术包罗万象，其中暗藏的技巧也非常多，只要掌握了核心要点之后，你就能够游刃有余地使用这种技能让客户"就范"。当然，在使用的过程中也要小心谨慎，不要让对方很清晰明了地看出你是在"屡屡试探"，这会让你接下来的一些动作被识破。归根结底，冷读术只是一种技巧，也是目前尚未被完全公开的社交技能，处于研究和探讨的发展过程中。虽然不能完全根据它做出一些决定，但是它可以帮助你认清一些问题，在和客户沟通的关键阶段起到重要作用。

6. 透过着装特征看透客户内心

常言道，人靠衣裳马靠鞍。得体的着装能够提升一个人的档次，换个角度看，着装也能暴露出一个人的性格特点。当销售员和客户初次接触时，可以试着通过分析对方的着装打扮进行大致的判断，从而帮助我们锁定合适的销售策略。

在一次商务谈判中，小马和小杨被老板委派去搞定两个客户，当他们和两位客户见过面之后，小马立即带着一个不苟言笑的客户离开，而把那个面带微笑的客户留给了小杨，小杨暗暗庆幸自己运气好，因为他觉得客户很好说话，于是滔滔不绝地向对方推荐了半天产品，结果对方除了一直微笑什么都没有说。与此同时，小马已经和被他带走的那位客户达成了初步意向。小杨困惑不解地问小马："为什么你带走的客户看着很严肃却还是被你搞定了呢？我那个客户看着很随和但就是不上钩！"小马说："我带走的客户，穿的是休闲西装，纽扣也是敞开的，说明他是带着开放的态度，不会拒绝别人的游说，但是你面对的那个客户穿的是正式西装，纽扣还是紧扣的，说明此人做事非常严谨，不会轻易被拿下的！"

服装能够展示一个人的内心世界以及生活态度，它是一种相对稳定的观察方法，因为一个人不会轻易变换穿衣风格。不过，想要通过观察服饰中的细节去了解客户是有难度的，因为这需要近距离接触才行，并不适合所有场合，也会受限于性别差异，因此最直观的方法就是观察着装的颜色。

颜色是服饰中最鲜明的特征，而色彩心理学也是一门具有科学性的研究，不同颜色的服装往往能够窥测出不同的性格特征。

喜欢红色的客户，一般是性格随和的，对着装要求不过分细致，他们不会对销售员有太多的敌意，也不会为难对方，所以面对这类客户时，最好能够稍稍体现出你真性情的一面，让对方觉得和你相处很愉快，而不是把你简单地当成一个销售员，这样你们的沟通氛围就变得自然流畅，这对于你推荐产品而言十分有好处。另外，红色本身是艳丽的，喜欢红色也代表着对方有展示自己的欲望，所以在和他们沟通时，不要只顾着自己喋喋不休地讲话，要留给对方表达自己观点的时间。

喜欢蓝色的人，相对红色而言性格比较收敛，他们往往追求精致和严谨的生活，他们的处事法则是宁可不做也不要犯错，尤其是对男性来说，喜欢蓝色着装可能意味着他是一个十分自律的人，能够抑制住自己的欲望，那么面对这类客户时，就不要试图让对方冲动消费，而是要用理性来对抗理性，多从产品价值的角度去打动客户，让对方在脑子里精确地计算出购买之后的收益，这样才能让他们下定购买的决心。

喜欢黄色的人，大多是那种着装干练，做派稳健的人，他们精力旺盛，好奇心较强，对外界的信息比较关注，面对这种客户可以不断挑逗他们的好奇心和求知欲，通过展示产品或者服务中最新颖闪耀之处作为开场，不知不觉地把对方吸引到你的谈话中，让对方一边吸收新的信息一边情绪高亢，只要让他们达到足够的兴奋点，做起营销来就容易很多了。

喜欢绿色的人，基本上是爱好休闲、不喜欢钩心斗角的人，他们往往沉迷于那种小资色彩的生活，不喜欢快节奏和高压生活，无论是做事还是讲话都是慢条斯理的，面对这种客户，就要先适应他们的节奏，不能用太快或者太功利的方式去和对方沟通，那样会让他们觉得索然无味，对你产生抵触情绪，不如从一个与交易无关的生活话题入手，循序渐进地转移到主题上，这样更容易被对方接受。

喜欢白色的人，一般是平和冷静的类型，在他们的世界里有着严格的规矩和法则，不会受到外界的干扰，同时对金钱比较看重，不会随意乱花，这类客户对产品的要求往往不在外形而在内涵，所以不会被绚丽的外观所打动，更不会轻易相信销售员的吹捧，他们甚至会亲自试用才能确定要不要购买。面对这种客户时，要多给予他们和产品零距离接触的机会，这样才能接近他们的潜在诉求，而销售员本身也不要过多地表现自我，要摆出一副真诚的样子倾听对方说话。

喜欢紫色的人，通常具有艺术家气质，这类人生性比较浪漫，喜欢特立独行的生活方式，不会盲目从众，更对那些缺乏创意的产品深恶痛绝，他们的消费原则是宁缺毋滥，不会买自己不喜欢的东西。面对这种客户时，销售员要弱化产品的商业概念，强化商品的艺术价值，从务虚的角度去谈消费观念，这样容易和对方产生共鸣，甚至会让对方认为你也是一个喜好艺术的人，有了这样的沟通氛围，成交的概率就会增大。

喜欢黑色的人，他们相对于其他类型有些复杂，要么是质朴单纯的，不喜欢被人关注，要么是刚愎自用的，希望被人仰慕，甚至还可能是两种心态同时具备，属于双重性格。虽然听起来有些复杂，但是应对起来并不困难，销售员可以了解他们在此时想要获得关注还是购物，如果确定是想获得关注，就要适当地说一些好话去恭维对方，甚至可以模仿他们的说话方式或者表达对他们某个想法的赞同，这样会戳中对方的内心，让他们痛快地完成交易。如果客户是质朴的类型，就从对方的消费能力出发，推荐他们能够使用得起的产品，切记不要说得太多，趁着他们对你表示附和之际赶快完成交易。

当然，从着装的颜色去解读客户，只是一种辅助手段，并不是绝对的，要结合你对客户的综合认知来判断，否则很可能会误导你。着装观察的最大意义在于，能够帮助你减少不必要的试错成本，对那些无价值或者低价值的客户尽快过滤掉，提高成交率。

第二章

训练沟通术
——一句话决定一单生意

　　搞销售的人，必须有"说"的本领，但是"能说"不等于"会说"，如何把话说到客户的心坎儿里是一门艺术。得要领者字字珠玑，简洁有力，深得人心。在销售中，掌握沟通的各种技巧，往往能使你的业绩节节高升。

1. 给客户"暴露"自己的机会

销售员和客户的沟通，主要是为了实现两个目的：一个是向对方传递信息，另一个是接收对方传递的信息。前者可以帮助我们说服客户，后者可以给我们提供对客户做出判断的依据。一个优秀的销售员，能够在沟通中让客户主动透露自己的想法，从而快速地了解对方的需求。事实上，要做到这一点并不难，因为人生来就容易暴露自己。

心理学有一个效应叫作"透明度错觉"，简单说，就是人们在本性上总会认为自己是被人关注的焦点，所以会产生一系列的偏激反应。为此，心理学家做过一个实验：让一个学生穿上歌手巴里·马尼洛的T恤，然后进入一个有其他人在的房间里，结果该名学生认为将有一半的人会注意到他的T恤，但经过调查发现，只有23%的人注意到。在现实生活中，我们也常常因为穿了一件新衣服而认为会引起别人的注意，但实际效果并不像我们预期的那样。反过来，我们可以利用这个心理效应，让客户不由自主地表演下去，放大他们内心的感受，从而找到探知他们需求的突破口。通常，这种客户的自我暴露会带来四个好处。

第一，通过观察让客户无法拒绝。

当客户站在你面前时，不妨多扫视他几眼，特别是对那些崭新的、有价值的、能够吸引人们注意的东西，比如一条"占奇"的腰带，一部新款的苹果手机，等等。当客户注意到你在留意这些，并且他们也不由自主地去看时，说明客户认为你已经发现了他身上这些闪亮的东西，那么接下来，你就可以通过这些新买的东西作为切入点，比如，你可以对客户说："看您使用的是最新款的手机吧，相信您是一个追赶时尚潮流的人，我们的这款产品也是这样的理念，虽然很多人不理解，但是我相信像您这样有品位的人一定不会错过……"这就是利用对方认为自己已经"暴露"之后的营销话术，很难让对方拒绝你，因为拒绝就等于否认了之前对他的肯定。

第二，通过模仿让客户打消距离感。

每个人都喜欢和三观相近的人交往，这是人之常情，作为一个销售员，也可以通过模仿客户的某些行为，让对方认为你们是一路人，这样就在无形中增强了好感，更容易接纳你说的话。当然，这需要对方先暴露出自己的某些性格特点，比如，当对方向你描述了一下他的购物需求之后，你可以试着说："请允许我冒昧地问一句，您应该是一个很注重细节的人吧？"因为受制于透明度错觉的影响，对方会认为自己的这个特征被你发现了，所以往往不会否定。即便你猜错了，对方同样会因为你在关注他而主动解释清楚："我还不算是一个关注细节的人，只是对品质要求很高，有些细节可以忽略不计。"不论对方怎么回答，对方都可能暴露出自己的某些性格特征，那么你就可以遵循这些特征进行模仿，让客户认为你们思维相近，所以你推荐的必然也是他喜欢的。

第三，通过揣摩帮助客户描述需求。

一个销售高手不是只会单向地推销，而是能够站在客户的角度去选购产品，他们总会向客户传递一种信息：我不是从你身上赚钱，而是帮助你省钱，而且我知道你需要的是什么。借用透明度错觉，可以让客户主动说出他们的真实想法。比如，在交谈中可以说："我是不是可以理解，您需要的是……"用这样的沟通方式，即便你说错了，客户也不会认为你是在胡乱猜测，只是在表达上出了问题，他们会纠正你的错误，这样就把他们的真实想法一点点暴露出来了。当然，有的客户属于心理防御较重的，他们不愿意让别人看穿自己，会声东击西，那么你可以反着去听对方的话，如果他们一再强调自己不看重价格，那么实际上可能非常在意性价比，你不妨向他们推荐这一类产品再观察他们的反应，如果他们表现出感兴趣的姿态，那就说明你的判断是正确的。

第四，通过提供服务让客户感受到价值。

为什么像QQ、微信、微博这些软件都是依靠免费起家，如今却能够收回巨大的回报呢？原因在于他们先让客户感受到了提供的价值，然后让客户与他们的产品形成深度的绑定关系，再进行营销，客户自然就愿意掏钱了。同样，销售对客户也应当采取这种策略，比如可以对客户这样说："我知道您暂时下不定决心，但是购买需求还是强烈的……"在透明度错觉的影响下，客户会认为自己的想法已经被销售员看穿了，很难直接否定，那么下一步就可以说："不如您先试用一下我们的产品，感受它带给您的变化，当然根据试用情况我们可能会收取少量的费用，但是和买错了相比还是值得的……"通过免费或者少量付费的方式让客户试用，在此期间他们有机会享受到产品的价值，由于他们认为想法已经被你看穿，也不会再对购买欲望遮遮掩掩，你只要再多加说服几句，试用很快就会变成正式交易。

在和客户的沟通中，销售员不要给自己增加太多压力，因为很多客户来到你面前，或多或少都是存在着购买欲求的，只是因为你的推销方式不当或者是某些偶然性因素导致交易失败。记住，每个人都有占有欲和好奇心，只要抓住这些人性固有的弱点，让客户尽可能地暴露出更多的真实想法并让他们认为已被看穿，那么之前半遮半掩的购买诉求会被充分激发出来，很多涉及敏感字眼的内容对方也不会再回避了，一旦话说开了，生意自然就好做了。

2. 赞美+批评才能抓住人心

讨好客户，吹捧客户，这是很多销售新人想当然认为的套路，应该说这种观点只对了一半。对于客户来说，适度的赞美是正常的，因为人家要付钱给你，你应当以礼相待，但是过度的赞美也会让对方反感，所以最合理的办法是将赞美和批评结合在一起。

关于批评和赞美的关系，日本的专家们进行过一个测试。他们将公司的管理者分为四个小组：批评小组、赞美小组、沉默小组（不批评也不夸奖）、批评+赞美小组，然后对这四个小组的工作成果进行评估，结果成绩最高的是批评+赞美小组，最差的是沉默小组，第二名是批评小组，第三名是赞美小组。

从这个实验可以看出，赞美和批评结合的方式往往最能说到别人心里去，因为单纯的赞美会让人觉得很假，单纯的批评又会造成矛盾。对待客户也是如此，适当地指出对方的错误，不仅不会让对方反感，反而会让对方认为你很真诚，也会反思自己犯下的错误。

销售员小张去一家金属量具厂拓展一笔业务，但是这项业务利润很少，不过随着市场不断开拓之后，利润会进一步增加，这就需要经营者有一定的战略视角。当小张跟该厂的厂长谈过之后，厂长面无表情地说："这项业务目前没有什么利润，干了也是白干，而且我们目前的工作量很大，也没有必要为了一个不盈利的项目投入那么多人力物力。"小张知道该厂的情况，因为经营不善有很多工人在家放假，每个月只能拿到一千元的基本生活费，如果开工之后，虽然盈利不大但是也能增加收入，不过小张没有直接拆穿厂长的谎言，而是谈到了该项目在国内目前的状况，然后话锋一转："我知道您目前接受这笔业务之后不会赚多少钱，但是当下行业内的情况就是如此，其他企业也很少盈利，我们需要做的是把项目坚持下去，毕竟它的发展前景是乐观的，如果错过这个机会就太可惜了。另外我想多说一句，作为一厂之长，还要多为员工考虑考虑，您也是被评为全市十大杰出企业家的人，不会不懂这个道理的。"小张说到这里，厂长对自己之前的撒谎感到很不自然，于是连忙说："既然你们这么有诚意，那我们还是开展合作吧。"

你看，小张对厂长既有赞美又有批评，让对方认识到了不合作将会带来的损失，也没有丢掉面子，自然就乐于和对方合作了。

不懂得将批评和赞美相结合，很容易在赞美客户的时候出力不讨好，因为有些人生性敏感，或者对你本身就不够信任，他们会将你的赞美之词看成是刻意的逢迎甚至是有意的反讽。从这个角度看，适度地指出客户的错误，才能增加你的赞美之词的含金量。

当然，批评客户是一个需要掌握尺度的技巧，为了保证不让对方动怒，才将赞美和批评紧密地联系在一起，从而化解可能产生的误会，消除客户的敌对心理。那种直言不讳的批评，别说是客户了，就算是熟识的好友也未必能够接受，那不是我们要讨论的话术策略。

需要注意的是，当我们准备批评客户时，一定要让对方先阐述自己的观点，比如，客户听了你的推荐之后说："你们这个项目我觉得还有很多漏洞，希望你们先完善一下再说。"如果直接说对方错了，谈话必然无法继续，所以不如这样表达："您不愧是行业内的前辈，看出了我们的问题所在，这也是我们正在努力完善的地方。不过话又说回来，我们现在需要的就是抓紧时间，如果只顾着去完善而忽略了机遇，恐怕会错失良机啊。"通过这样的表达，客户既得到了尊重和褒扬，也会思考自己是否吹毛求疵，思想就会动摇，这时候你再多说两句，就能让对方改变成见，下定决心合作。

在和客户沟通的过程中，销售员难免会被对方否定，也就是说对方会表示异议，而这正是影响你们交易进程的症结所在，有的销售员认为不能因此得罪客户，结果把主动权拱手让人，被客户牵着鼻子走，丧失了话语权，更没有了议价能力，最终损害的还是自己的利益。正确的做法是，要据理力争但又掌握尺度，这样客户才会对你有足够的尊重，也有利于后续商务活动的顺利展开。比如，客户对你们的合作状况表示了不满："我不打算和你们继续合作了，因为你们交货的时间太不固定，会影响到我们公司的声誉。"这时不妨如此回应："您的话有些重了，我们虽然有过延期交货的时候，但那是因为供应链出了问题，而且我们也提前跟您打了招呼，事后也减免了一部分费用，这个属于双方都认同的事情，以您在圈子里的口碑，应该不会让我们白白被冤枉吧？"这样的回应既态度明确地为自己正名，同时也用对方在圈内的口碑进行"绑架"——如果你不尊重事实随意毁约，我们也会将这件事说出去。只要客户不是大脑短路，都能认清利害，不会冲动行事。

在销售工作中，一个销售员总是希望能够尽快改变客户的想法，这本身没有错，但是很多人思考过于简单和直接，要么不给客户面子，要么不给自己留后路，往往导致双方的利益都得不到保障，面临着"双输"的尴尬局面。其实遇到这种情况，不妨先冷静地思考一下：错误的根源是在自己还是在客户身上，如果是客户犯了错那就不能让问题被搁置，因为这会最终损害双方的利益，只是在和客户沟通这类问题时，我们不要只顾着指出对方的错误，还要让他们的优点也能得到肯定，这样才能助推交易的顺利进行。

3.学会向客户提问

在和客户沟通的过程中，销售员有时候会遇到对方表达不清或者表达隐晦的情况，于是耗尽心力地猜来猜去，结果离题万里，背离了客户的真实意图，导致交易无法完成。其实遇到这种情况，销售员与其开动大脑，不如张开嘴主动询问，探听客户的虚实。

我们都知道，中医讲究望、闻、问、切，这是诊断病情的主要手段。其实，销售员也同样需要掌握类似的技能，而其中最重要的一项就是有效提问。有效提问不是唠家常，而是有针对性地对客户提问，目的是了解客户的购买信息。当然，这就需要销售员发挥主观能动性，通过恰当的提问探听，从而做到有的放矢。

打个比方，你是一位保健品推销员，要向一个潜在客户推荐一款保养血管的新药，这时介绍药物成分和药理是无用的，因为对方对此一无所知，所以也不确定要不要购买，而如果硬性推销反而会吓走对方，不如试探性地询问对方家中是否有老人以及老人的身体状况如何，这样一来，对方很可能会提到家中的老人身体不太好并表现出对老人身体健康的担忧，这时你就会发现客户其实是有购买意向的，只是对药理、药效、副作用这些问题还没有弄清，只要你把这些问题解答清楚，就能够让对方下定购买的决心。

主动探听客户有很多好处：第一，可以把握客户需求，了解更多对推销活动有益处的信息；第二，能够保持良好的客户关系，因为你主动提问，客户会觉得你对他很关心，彼此心理距离就拉近了；第三，有利于掌控沟通的进程，只有不断发出提问才能让你更好地掌控沟通的细节以及接下来的沟通方向；第四，能够减少和客户之间的误会，因为在沟通中可能因为自己表述不清或者对方理解不透，导致误会的产生，这时应当停下来确认一下，才能及时了解对方是否理解你传递的信息，有误会就要及时消解。

常见的主动询问句式有如下五种。

第一，搞清客户需求。

"您好，听说贵公司最近打算购买一批设备，能不能向我说明一下您心目中理想的设备应当符合哪些要求呢？另外，我想知道贵公司在选择合作方的时候都会考虑哪些因素呢？"使用这种询问方式，能够让客户说出对产品的硬性指标，当你搞定这几个目标后就能让客户满意。

第二，为推荐产品做准备。

"我们商场希望和您这样的客户保持长期合作关系，不知道您对我们商场的印象如何？不妨说一下好吗？"这样的表达比较委婉，通常客户不会拒绝，多多少少会表达一下自己的看法，那么这些只言片语就隐藏着客户的核心需求，你就有了主攻的方向。

第三，从客户的角度出发。

"您好，您是否能够谈谈您之前购买的商品都有哪些不足之处呢？如果方便的话，可否说一下您认为造成这些问题的原因是什么呢？"借由客户的视角去评价其他产品的优劣，等于间接地了解客户对你推荐的产品会持何种态度，让你有了应对的准备。

第四，引导客户尽快完成交易。

"也许您对我们的售后有些顾虑，其实您完全不必担心，只要在保修期之内，我们一定会上门服务，就算过了保修期，您也可以在购买产品时选择延保服务，请问您还有什么问题吗？"当客户处于买或者不买的纠结状态时，就要尝试找出最关键的纠结点，如果方向不对，那就再提出一个问题，总会有解开真相的时刻。

第五，为日后的合作打下基础。

"如果您对这次购物满意的话，那么您下次购买商品的时候可否优先考虑我们一下？我们会给您优惠的。"这样的提问可以试探客户是否有继续合作的意愿，通过客户的回答能够做好后续交易的准备，也能对本次交易的满意程度进行侧面的摸底调查，有利于维护和巩固客户关系。

优秀的销售员会有针对性地提出问题，在客户回答问题的过程中摸清对方的需求，然后站在对方的立场为其解决问题，这样就掌控了整个销售沟通的流程，提高交易成功率。不过，在提问的过程中，一定要注意以下细节。

● 提出的问题必须直击要害

作为销售员，要记住在和客户沟通中，每一句话都要围绕最终的沟通目标展开，不能脱离目标，哪怕是唠家常也是为了谈话目标做铺垫。如果想探知客户是否有意达成交易，就要试探客户对产品功能的要求，如果客户感兴趣的话会通过一言一行表现出来。

● 提问要注意措辞

一个人能否提出合理的问题是其情商高低的表现，虽然积极询问客户对保持关系有重要作用，然而在提问的时候如果不注意方式方法，不仅会达不到预期目的，反而会增加客户的反感，所以在和客户沟通中要保持基本的礼貌，要注意某些敏感话题，避免让客户对你产生不尊重对方的印象。

● 多做开放性的提问

开放性问题就是不限于一种答案的问题，只有面对这类提问，客户才能根据自身的喜好围绕话题自由发挥。开放性问题的好处在于能够不限制客户的谈话自由度，从而多方面地了解客户，因为客户谈话不受约束，就会心情愉快，会在放松的状态中和你保持着沟通的欲望，而你就有了深入了解对方的机会。

虽然沟通是一门技术，但总结起来，无非是在虚实之间切换而已。"实"代表着你们的沟通目的，"虚"代表着你们的潜在念头。当客户犹豫不决之际，他们的语言和行为都会在虚实之中来回切换，这就需要销售员主动出击而不能静观其变，否则很可能让谈话朝着不利的方向发展。当你探听到客户的内心声音时，就是你掌握交易过程的开始。

4.几个字让交易快速达成

心理学家詹姆士说过："与人交谈时，若能做到思想放松，随随便便，没有顾虑，想到什么就说什么，那么谈话就能进行得相当热烈，气氛就会显得相当活跃。"很多销售员之所以和客户沟通了很长时间却没有效果，就是因为没有触及重点，引起了客户的反感。在向客户描述产品的卖点之前，需要在脑子里将主要内容筛选一下，另外要随时观察客户的情绪变化。

给大家讲个故事。古时候有一个秀才，家里做饭没有柴了，他就急着去街上买柴。刚巧一个樵夫从对面走过来，秀才说："荷薪者过来！"樵夫听不懂"荷薪者"的意思，只听懂了"过来"，就将柴火担子放在秀才面前。秀才说："其价如何？"樵夫只听懂了"价"，就说出了价钱。然而秀才又说："外实而内虚，烟多而焰少，请损之。"意思是木材外干内湿，不能完全燃烧应当便宜点。这回樵夫彻底听不懂秀才的话了，于是挑着担子离开了。

秀才家里等着做饭，可他却不能在短时间内和樵夫完成交易——我要买柴，反而说了让樵夫听不懂的文言，这就是在沟通中没有触及重点，导致交易失败。

如今是一个讲究效率的时代，喋喋不休的营销只能浪费彼此的时间，所以往往越是简短有力的推销越对客户有杀伤力。有些销售员喜欢长篇大论，是因为他们觉得自己可能抓不住产品的卖点，于是为了照顾全体就要面面俱到，结果让客户越听越糊涂，最后反而降低了购买欲望。

近代中国著名记者邹韬奋先生，曾经在上海各界公祭鲁迅的大会上讲了一句话："今天天色不早，我愿用一句话来纪念先生：许多人是不战而屈，鲁迅先生是战而不屈。"短短的十几个字就说出了鲁迅先生的精神特质，让人听过难忘，为之动容。作为销售员，也应当具有将复杂信息高度提炼的本事。比如，你想对客户讲述一个保险项目，为了让他们尽快下定决心，就要将该险种的"最大收益"浓缩为十几个字，比如"每年投入五千，重疾赔付五十万"或者"一人参保，全家受益"，等等，只有利用这样的表述，才能让客户更好地领会保险项目的亮点。

想让客户下定决心，也要注意在表达时绕开无关内容，直击重点。举个例子，当你向客户介绍你们旅游团的卖点时，不要围绕无关话题展开，比如："我们团手续正规、发票齐全、经营规范……"其实这些话往往不是大多数游客最为关注的，只能认为你们其他方面不行才避重就轻说些没用的，瞬间会对你失去兴趣，所以还是要把旅游团的亮点集中在"去哪玩""怎么玩""多少钱"等关键问题上，才容易让客户尽快拿定主意。

马云在参加某个节目时，谈到了成功学，对于这个深奥的问题，他只简练地说了一段话："花时间去学习别人失败的经验。这个没什么好评论的，我认为，等你什么时候能看别人惨败的经验，看得一身冷汗，你就离成功不远了。"台下的观众原以为马云会发表长篇大论，却没想到他只用简短的几句话就为众人解惑，产生了极强的震撼力。如果马云刚才扮演的是一个销售员的角色，台下的观众是客户，那么他的这一番话自然会让对方引发思考，进而建立信任感和进一步接触的欲望，而这正是销售员需要的话术技巧。

做销售时总会遇到一些犹豫不决的客户，对于这种客户，越是简短的介绍越容易让他们下定决心，因为说得复杂了就会让对方想得太多，甚至你的无意之言也会对他造成干扰。要想尽快搞定对方，需要掌握一个窍门，那就是彻底切断客户的"还有思维"。

什么叫"还有思维"，就是客户口中的"还有时间，下次再过来看"。也就是说，客户没有明确表示不买，也没有现场进行交易，这对销售员来说是最可怕的，因为客户说出"还有"之后往往就没有下文了，所以要趁着对方还没有完全否定购买的念头时拿下对方。

应对"还有思维"的也是简单的四个字——"那么最后"。比如，你可以对客户说："那么我最后再向您介绍一下，我们这款产品下周就断货了，未来几个月之内很难补货……"或者说："那么最后请您考虑一下，晚买几天会给您带来多大的损失呢？"这种克制性的话术思维，就是用简短有力的信息去证明客户的犹豫会给自己带来损失，从而彻底打消客户犹豫不决的态度，让他意识到如果再不购买，东西可能就被别人抢走了。

从心理学角度看，"还有"和"最后"是相互对立的两种意识：一个盲目乐观，认为事情不急于在今天解决；另一个是理性悲观，认为明天的状况不会比今天更好。作为销售员，必须让客户靠近"最后"这一端上，才能抓住宝贵的营销机会，消解客户的疑虑和幻想。

在日常生活中，我们总能看到商家打出这样的宣传标语："最后一天，跳楼价""最后一天，大甩卖"，等等，这就是利用"那么最后"思维的营销方式，让站在商场外面的客户尽快打定主意购买商品的策略。归根结底，人们普遍对"最后"这个词充满着恐惧感，难以承受它给自己带来的损失，由此会产生一种缺乏理智的冲动，对于那些原本无法决定的事立即打定了主意。

销售是以业绩论输赢的游戏，销售的目的就是为了成交，成交量上不去，销售员就没能体现自身的价值。所以，销售员必须要打开客户的心结，让对方尽快下定决心，一旦让对方发现自己的幻想破灭时——"别家可能卖得更好更便宜"，他只能选择相信你，在你的影响下快速做出决定。一个优秀的销售员要像诗人那样"惜字如金"，要学会用最简练的语言去打动最复杂的人心。

5. 别伤害客户的自尊心

沟通不仅是语言的你来我往，更是心灵的碰撞，不和谐的语言会产生或者激化矛盾，而最常见的不和谐就是对客户自尊的漠视。

自尊也叫自尊感，是人们基于自我评价产生的一种自重、自爱，同时要求得到他人、集体、社会尊重的情感体验。自尊有强弱的区别，如果过强就会变成虚荣心，如果太弱就会变成自卑。可以说，每个人在潜意识中都希望维持自己的人格和尊严不被别人侮辱，自尊心对于人们来说有时比生命还重要。

对于销售员来说，应当从"自尊"这个人性的弱点出发去维护客户的自尊心，如果销售员不能意识到这个问题，就会导致营销工作失败。有人认为这是很困难的事情，其实学会阅读客户的自尊心很容易，在推销的过程中，首先要尊重客户的立场和利益，不能只想着如何把产品卖出去，而这就是忽略客户的智商和自尊的表现。

不尊重客户的第一种情况：只谈产品的优点。

我们来看一段忽视客户自尊心的对话。

一位客户来到柜台前挑选了一部手机，然后询问销售员："这款手机有什么缺点吗？"销售员马上摇摇头："我们这款手机是最新上市的，采用的都是最先进的技术和材料，不可能有缺点。"这话听起来自信满满，维护了销售员自身的利益，却正面反驳了客户的质疑，必然会引起客户的不满。所以客户接下来又说："不过在我看来，这款手机的外壳使用的是工程塑料，如果被磕碰的话容易裂开吧？"销售员听到这儿又说："那也只能证明您个人不喜欢，并不代表手机本身存在缺点，再说手机是用来打电话上网的，干吗要去磕碰呢？"这样的回答，就是完全不顾客户的尊严和智商了，怎么可能会有好的结果呢？

这种忽视客户自尊感的话术，就是典型的片面营销，也就是销售员只顾着谈手机的优点而没有去谈缺点，更重要的是对客户的提问和质疑置之不理，反而从正面顶撞，只能让对方觉得不快。从这个角度看，只谈产品优点就是不关心客户的基本诉求，也是最大的不尊重。

不尊重客户的第二种情况：嘲笑客户的专业知识。

一位农具销售员正和客户谈一笔生意，客户对农具并不是很懂，于是上网搜索了很多资料并打印出来，销售员看了之后，发现上面很多品牌的农具售价低于他们销售的，就隐隐感觉不妙，于是对客户说："您查到的这些资料并不准确，有些已经落后了，而且网上的报价通常都偏低，这个您不懂。"客户听到这儿倒也没说什么，因为他觉得可能事实就是如此，所以又将话题转移到价格上，然而销售员马上说："产品的价格都是由价值决定的，我们这套农具要是换一个销售平台可能会卖得更贵，这个您就不了解了。"一来二去，销售员每当遇到客户的质疑都用"您不懂了""您就不了解了"之类的话去搪塞，客户最终拒绝了交易。

大多数情况下，销售员肯定比客户更了解产品，相当于内行对外行介绍，这是一种信息不对称，也让销售员有机会发挥话术优势，但是不能将这种不对称当成是炫耀和蒙骗客户的资本，和客户展开针锋相对的辩论。我们不妨换位思考一下，客户也会知道你不了解的事情，如果对方以此鄙视你，你会是什么感觉呢？所以，信息不对称是常态，作为销售员不能借此给客户当老师，对客户的不专业的意见予以无情的反驳，即便最后赢了辩论也是输了生意，得不偿失。

面对客户的非专业性的提问，我们可以从事实出发，用深入浅出的语言对客户做出合理的解释，而不能用权威的姿态去打压客户。不尊重客户的根本原因在于，销售员没有站在对方的角度和立场上考虑问题，而是只顾着把产品卖出去，这样就会造成对相同信息的理解差异。反过来看，如果销售员让客户的自尊感得到了满足，那么就会加快交易的进程，也能够与客户形成长期稳定的买卖关系。

小高是一位汽车销售员，有一次来了顾客看车，小高热情地迎上去："欢迎您来选车，请问您选购汽车的用途是什么呢？"客户说他是一位生意人，经常开车出去谈判应酬，而他对很多中意的车型都有一定了解。小高马上为客户挑了一款商务车型，然后热情地介绍着，虽然客户对车型很满意，但却没有急于付款，也可能是对价格有些顾虑，这时小高说："虽然买这辆车对您这种成功人士不算什么，不过还是需要谨慎一些才好，毕竟家里人也要乘坐，要不您再和家人商量一下？"客户听到这里，马上决定购买这款汽车。

小高为什么能尽快促成交易？因为他照顾到了客户的自尊，满足了对方获得肯定的潜在需求，如果催促客户付款就会显得没有礼貌，自然很难达成交易。需要注意的是，使用这种话术一定要谨慎，因为如果措辞不当会影响客户的情绪，让对方认为你在明褒暗讽，结果只能适得其反，因为在不同的语境和场合中，一句话的理解因人而异，特别是在客户的情绪处于波动状态时，使用有暗示性的话语要掌握好分寸感。

自尊心是人类普遍存在的心理诉求，它可以转化为弱点，也可以转变为优势，关键在于人们如何看待和利用它。我们都希望别人尊重自己，自然也要以同理心去维护客户的自尊，这不仅是一种营销之道，更是做人的基本原则。

第三章
掌握心理博弈法
——看不见的买或不买心理战

商场如战场，勇者生存，智者胜利。想要在销售这场残酷的战争中取胜，就必须要懂得商战谋略，"心理战术"便是隐藏在背后的较量手段。将心理博弈法运用得当，必然能在销售行业中运筹帷幄，游刃有余。

1. 侧面试探胜过正面询问

销售员和客户之间的交流，本质上是心理博弈：客户要避免被销售员的说辞影响判断，销售员要竭尽全力说服客户，让对方接受自己的推荐或者让对方消除对产品的疑虑。很多时候，如果销售员直来直去地表达，往往很难达到预期效果，不妨使用旁敲侧击的沟通策略，不过需要注意的是，不能偏离沟通目标。

总的来说，侧面试探有三方面的好处。

第一，创造良好的沟通氛围。

中国的社交文化讲究的是"曲径通幽"，我们的审美文化也是偏向含蓄美，越是有智慧的人越不会"直抒胸臆"，更多的是委婉含蓄，它比口无遮拦的表达更能体现出一个人的素质，而不会给沟通对象带来任何刺激。比如，你和客户谈论产品的使用价值时，对方认为价值低于价格，如果直白地说："您这么想是不对的，我们产品的价值远高于价格，您用一用就知道了。"虽然听起来比较客气，但是并没有打消客户"买或者不买"的疑虑，反而会让对方觉得你在轻视他的观点，是对他意见的不重视，会给接下来的沟通造成障碍。因此，比较合理的表达方式是："您的担心是合情合理的，我们产品毕竟上市不到一年的时间，确实没有太多的实例去支撑，但是它的价值也恰恰在于用户敢于打破常规，您比别人先使用一天，就超前时代一步，您想错过这样千载难逢的机会吗？"这样的试探性询问，既让客户消除了顾虑，还给他戴了一顶高帽子，也给予对方足够的尊重感和信任感，客户很难直接否定你的推荐，那么接下来再多沟通一下，成交的概率就提升了。

丘吉尔说过："你要别人具备怎样的优点，你就怎样去赞美他。"在上述的案例中，客户对产品价值心存疑虑，销售员不必直接否定对方的想法，而是列举出一连串的好处，然后让客户去选择，等于把问题交还给了客户，客户如果拒绝就意味着他是一个不敢打破常规、不超前时代的人，试想一下，谁愿意得到这样的评价呢？这种试探方式看似是在询问，其实在你说明原因之后就给出了答案，同时也巧妙地避开敏感话题，让客户和销售员在彼此信任的氛围中沟通。

第二，将客户带入情景。

俗话说：祸从口出。在销售员和客户的沟通过程中，难保哪一句话说得不合适让对方不高兴从而影响到销售业绩。特别是对于那些比较挑剔或者心思敏感的客户，如何准确地措辞是非常重要的，因为你丢掉的可能不只是一单生意，而是客户对你的口碑评价。

有这样一个故事。唐朝诗人李涉，有一次在半路上遇到了强盗拦劫，然而李涉并不慌乱，当场吟诗一首："春雨潇潇江上村，绿林豪客夜知闻。他时不用相回避，世上如今半是君。"强盗听了之后以礼相待，李涉保住了身家性命。李涉的聪明之处在于，他知道强盗们看重义气，所以表示了对他们的尊重，还暗示出愿意和他们交朋友，同时避讳了"贼""盗"等敏感字眼，反而用"客""君"这种高雅称呼，准确表达了重点："勿伤吾命"，以把握对方心理为基础，让自己转危为安。

如果你是一位保险推销员，这样和客户沟通就非常糟糕："您是否想投一份健康险，以免发生意外？"这种措辞太过直接，好像客户不买你的保险就会疾病缠身一样，对方很可能直接拒绝你。但是，如果你采用侧面试探的方式，效果就会不同："请问您最近在做什么投资吗？"客户很可能会有些不解地回答："我只是买了点股票，也算不上投资吧……请问这个和保险有关系吗？"这时候你可以继续说："现在很多人和您一样购买股票，这种让财富增值的行为值得肯定，不过风险和收益并不尽如人意，这是因为大家忽视了更重要的投资——对您身体健康的投资，既有保障，收益又很可观，您不想了解一下吗？"利用这种询问方式，就是将客户带到一个消费的应用情景中，让对方在不知不觉间带着疑问去了解你推荐的产品，自然就容易接受你的分析和推荐了。

第三，能够巩固和客户的关系。

在和客户的沟通中，如果采用正面询问的方式，不仅会让客户本能地提高警惕，也会让对方认为你过于直白，一切都向钱看，对你的销售工作只会有害无益。然而，有的销售员认为这是一种直言不讳、快人快语的作风，能够让客户感受到真诚，这种观念是大错特错了。因为客户和你不存在深度的绑定关系，你说错一句话，对方就可能转身离开，你根本没有弥补的机会，不像是和朋友交往那样犯了错有改正的机会。

给大家举个例子。战国时期，触龙劝说赵太后让小儿子到齐国做人质，就是使用了侧面试探的方式。在大臣劝说都无效的情况下，触龙没有直奔主题，而是先关心赵太后的身体状况，然后请求太后为自己的小儿子安排工作，逐渐打消了太后的顾虑，随后用"激将法"说太后爱女儿超过爱小儿子，最后才将重点和盘托出——"为之计深远"的大计。触龙的循循善诱，成功说服赵太后让小儿子去齐国做了人质，也没有让太后对自己产生负面印象。

试想，如果触龙"快人快语"，只能引起赵太后的反感，无益于事情的解决。销售员和客户的关系也是如此，侧面试探能够让对方觉得你考虑问题比较周到，会坚定购买的意愿。

打个比方，当你向客户推荐一款价格较为昂贵的产品，你看出客户有购买的意图，但可能因为囊中羞涩下不了决心，这时候可以试探性地问："看得出您对我们的产品还是很有兴趣的，当然我也知道这个价格不便宜，毕竟成本较高，现在经济不景气，大家都没有那么多闲钱去高消费，所以分期付款这种方式很流行，您要不要尝试一下，让自己的资金更自由一些呢？"这样的询问就从"买或者不买"转移到了"想不想让资金更自由一些"的问题上，绕开了让客户尴尬的话题，客户会觉得你很能体谅人，愿意和你继续探讨下去，你和客户之间的关系也就更稳定了。

人们常说恶语如刀，其实在销售的过程中，过于直白的语言往往也具有和"恶语"类似的作用。直话易伤人，硬话须软说，只有委婉含蓄地与客户沟通，才能让对方和你产生亲近感，进而相信你推荐的产品，创造良好的交易关系。

2. "还有一分钟打烊"的杀伤力

在我们身边，总有些人在"双十一"的时候，信誓旦旦地表示不会买一样东西，结果到了午夜时分还是把购物车的宝贝都结算了，于是大家亲切地称呼这些人为"剁手族"。虽然"剁手族"属于非理性的消费者，不过从心理学的角度看又是合乎人性的。

心理学家卡尼曼提出过一个"损失厌恶"的理论，是指人们在面临获得时总是小心翼翼地，不会轻易冒险，但在面对损失的时候总会容易冒险，换句话说，人们对损失和获得的感知程度不同，在面临损失时痛苦的感觉远大于获得时的快乐感。如果商品没有打折，那么大多数人是不会有任何感觉的，可如果一旦宣告库存不足，那么人们就会产生一种遭受损失的痛心之感。

有学者认为，人类购买的冲动是一种本能。在原始社会，人们为了生存会将一切可能有用的东西带回家，即便暂时用不上也会囤积起来，这是为了以备不时之需，因为人们的潜意识认为，一旦错过可能不会再次遇到同样的东西。虽然在进入工业社会之后，物资丰富，但人们的焦虑感依然存在，我们依然会担心某一天会用到某一样东西而身边却没有。于是，一个新的概念被引出来——稀缺感。

社会心理学家沃切尔做过一个实验，他和助手从罐子里拿出一块巧克力小甜饼分给在场的参与者，让他们品尝和评价，其中有一半人面前的罐子里有十块小甜饼，另外一半人的罐子里只有两块小甜饼。那么实验结果如何呢？罐子里只有两块小甜饼的参与者们给出了更高的评价，因为供应量少，让他们吃完之后还有意犹未尽之感，也就给予了最高的评价，这就是稀缺效应。

当客户走在商场里，看到50%折扣的标签时，这种弥补稀缺感的冲动就被唤醒了。人们会担心如果自己不买会被别人买走，而且这个优惠的价格只有这一次，下一次就不知道要等到何年何月了。

作为销售员，应当利用人类的这种认知特点，让客户认为你推荐的产品很快就会消失，所以你要营造一种供不应求的假象，这种营销行为也被叫作饥饿营销。比如苹果每次有新品发布的时候，几乎都会出现缺货、产能不足等局面，这不仅不能浇灭人们的购买欲望，反而会激发大家对苹果产品的占有欲望。就连肯德基、麦当劳这样的快餐业，也会推出一些所谓限量的纪念礼物套餐，引发儿童的疯狂抢购。同样，百事可乐和可口可乐也会推出一些纪念罐，让很多粉丝纷纷收藏……当商家使出这种套路时，消费者已经丧失了基本的理性思考能力，而是凭借一股冲动去抢购商品。

饥饿营销就是让顾客感到"饿"，当客户来到你的店里准备选购的时候，如果你告诉对方还有一分钟打烊，那么客户的情绪会发生什么变化呢？他们的本能反应不会是直接走开，而是想要在短短的一分钟内好好浏览一下柜台，看看是否有自己想要的产品。

国外有一个叫理查德的人，是一个二手车销售员，每次卖车的时候，他都会把想要看车的人约在相同的时间和地点，这样做是为了营造一种竞争的气氛。通常，第一个到达的人会按照标准程序检查车子，试图找出一些问题然后压价，不过当第二个人到来之后情况就不同了，理查德会告诉那个人："对不起，他比你先到，能不能等几分钟，让他看完了再说，如果他不买我会让你看的。"结果，第一个来看车的人就没有闲心继续挑毛病了，因为他知道如果自己不尽快决定会被第二个人抢走。当第三个人来看车时，第二个人又会感受到莫大的压力，所以三个人当中总会有一个人尽快下定决心买车，这就是利用有限资源让用户竞争购买的成功案例。

销售员想要创造"还有一分钟打烊"的效果，需要在以下几个方面加强。

● 提高购买门槛

当客户来到你面前时，你要向对方传递一个信息：这个产品是限量的，不是谁掏钱都可以购买的，如果客户是熟客，就声称是"老客户才有购买资格"或者"累积消费多少才可以购买"，如果是新客户，可以说"新客户才有优惠权限"或者"您是第一百名顾客所以有权购买"，总之就是让客户意识到自己是幸运的。

● 为产品制造神秘感

对于你想推荐的产品，不要摆在明显的位置上，或者可以不要贴上价签，这样当你向客户介绍的时候，对方就会对其产生浓厚的兴趣，并主观地认为这款产品确实和其他的不同，接下来你就可以说这款产品是通过特殊渠道进来的，数量有限，等等，让客户认为在其他店里很难买到。

● 打造独特性

稀缺效应毕竟是人类潜在的一种心理特征，这并非是指见到任何东西都想囤积，如果真是这样超市早就被搬空了，而是说你应当给自己的产品增加一些独特性，让客户认为它独一无二，比如，你可以告诉客户：该产品在设计上或者某项功能上反常规，和同类的主流产品有很大不同，而这样做的目的是为了……借用这种话术，客户会觉得独特性不是吹出来的，就会产生了解和购买的欲望。

● 宣传造势

无论是肯德基还是百事可乐，他们在饥饿营销方面都下了血本，让消费者掏钱之前先吊足了胃口，这是需要一定的成本投入的。同样，想让产品有稀缺感，也要在广告投放上花费一点心思，比如悬挂相关的推销标语，或者对某个柜台进行精心装饰，等等，总之尽量不要只靠一张嘴去说服客户，需要多方面的宣传配合。

人性的弱点往往就是销售员打开僵局的爆点，客户最在意什么，我们就触动什么，这样才能将对方一步步导向最终目标——产品。当一个销售员熟练掌握这些技巧之后，哪怕是面对陌生的客户也能游刃有余。

3. 平衡利益，化解分歧

在和大客户的沟通中，作为销售员免不了会遇到和对方谈判的情境，出于捍卫自身权益或者名誉的需要，可能会和对方发生针锋相对的争论，从而让交流陷入僵局。由于双方对预期目标的达成存在落差，这种对立的情绪有可能会升级为对抗状态。

其实，很多僵局并非是原则问题造成的，而是一些细节问题引发的，比如沟通双方的性格、措辞，等等。这时，如果我们继续坚持原有的立场和态度，会加剧冲突，不利于谈判的继续，一个成熟的销售员应当缓和局面，打破僵局，促成沟通的顺利进行，这就需要一项技巧——平衡利益，化解分歧。通常有以下几种操作手段。

● 转移话题

当双方利益发生冲突时，客户难免会站在自身的立场捍卫其权益，从而将矛头指向销售员，这时沟通中或多或少都会带有火药味，如果不能遏制这种负面气氛，可能会彻底谈崩，想要再弥补势必困难重重，不妨在关键时刻转移话题，等到气氛缓和时再进一步商谈。

打个比方，你代表公司参加了一次谈判，和客户就一个问题争论不休，对方放出"狠话"：希望你对他们提出的要求予以答复，否则一切免谈。这是一种常见的警告式对话，你不妨这样回答对方："这个问题我已经强调过很多次了，从我们公司的实际出发暂时无法满足你们的要求，希望你们能退让一步。"然而你的恳求未能让对方退让，反而还表示要一走了之，这时你再顺着话题深入并无意义，不如灵活地转移话题："您看咱们都谈了一下午了，现在到了晚饭时间，我们先去吃饭，吃完了再谈。"对方答应之后，你就不要再继续谈跟争议有关的内容，而是聊一些家长里短，缓和刚才的对立情绪，这样一顿饭过后，对方即便不退让，也至少愿意听你解释，为你争取了转机。

● 先行一步

在沟通中先提出问题的人往往占据主动权，所以当我们陷入谈判僵局时，我们就要在对方完全摊牌之前换个话题，然后不断地向对方征求意见，让对方回答我们提出的问题并探讨解决方案，从而让对方无暇反驳，这能在一定程度上弱化冲突。比如，你和客户谈到你们销售价格时，客户话里话外表现出了不满，但还没有直接说出来，这种情况下不妨先发制人："关于售价这一块，按道理我们是应该再优惠一些，但是我们这一次的交易数额还达不到优惠的标准，您是想增加购买量还是按照现在优惠额度呢？"这样一来，你就把敏感问题先说出来，让客户无法回避"交易量较低"这一事实，当客户整理思路和组织语言的时候，你就有时间研究接下来的沟通方向。

● 插入闲话

有些大客户在谈到自身利益或者感兴趣的话题时，往往会刹不住车，由此造成跑题，这时候如果耐着性子听下去会浪费时间，甚至会影响你做营销，不妨采取"插入闲话"的办法。比如在谈判中，客户谈着谈着就说到了他们的企业文化，最后顺着这个话题聊到了员工活动上，甚至详细谈到了最近的一次拓展训练……这时你不妨趁机插嘴："听您这么一说，我也想组织我们的人去玩一玩，不过要等我们手头的工作完事之后……"这样就向客户暗示了谈判的主题是"工作"，能将其拉回到正事上。

● 假装糊涂

"难得糊涂"一直是很多人追求的人生境界，在营销中我们也需要训练这样的话术技巧，尤其是当客户提出了我们不愿正面回答的问题，比如公司的经济效益、客户群体或者一些个人隐私，等等。碍于情面，我们不可能甩出一句"无可奉告"，不如闪烁其词规避话题，比如："哦，这事儿啊，说来话长，您等我想想……"一般说到这里对方就会明白你在拖延时间，会自觉地绕开这个话题，如果对方有些偏执或者没有领会你的意图，你还可以再加上一句："这事我倒是挺想说的，可是咱们今天时间有限，要不改天我单独约您谈吧。"这样就会让对方及时刹车。

● 见招拆招

如果客户对你说的某句话感到不满，能够转移话题是上策，但如果不够有技巧，反而会让你的尴尬暴露得一览无余，不如试一试见招拆招的办法。

举个例子，你去拜访一个新客户，对方刚开完会惹了一肚子气，而你却未能及时察觉这个细节，贸然地开口说："贵公司一派和气，上下一心，看来我们没选错合作对象。"客户一听有些不悦："和气什么啊，刚才在会上还吵了呢！"由于客户在气头上，就会认为你在讽刺他，这就需要你正面做出解释："我的意思是……能够吵起来才证明大家为了工作敢于直言，不像我们公司，做什么决定都是全票通过，结果执行的时候又有不同意见……"这样一来，客户既打消了对你的误解，也愿意和你沟通。

人非圣贤，孰能无过。销售员也会在和客户的沟通中犯错，可能会破坏与客户的关系，所以出现这种情况就要及时补救，才不会让客户失去对你的信任，最重要的是，要在兼顾自身利益的同时照顾到对方的利益，让合作保持继续。

化解分歧就是从原有话题跳入新话题的一种过渡，也可以看成是暗中否定原有话题并开辟新话题的技能，是一种主动的、积极的语言表达策略，能够促进沟通氛围趋向良性，让交流变得可持续性更强，还能维系双方的感情联络。当分歧被化解之后，利益就获得了相对的平衡，营销工作也就容易开展下去了。

4. 找准关键目标，直抵客户内心

先给大家讲个故事。从前，有个王国的小公主生病了，国王十分着急，小公主告诉父亲：如果她能拥有月亮，病就会好。于是国王召集国内最聪明的人，想办法拿到月亮。一位大臣说，月亮是由融化的铜做成的，远在三万五千里外，比公主的房间还大。一位魔法师说，月亮远在十五万里之外，用绿奶酪做的，比皇宫还大两倍。一位数学家说，月亮又圆又平像个钱币，有半个王国大，不可能有人能拿下它。争论半天也没有结果，国王只好找小丑弹琴解闷，小丑得知后说，当务之急要弄清小公主心中的月亮有多大多远。于是，小丑询问公主月亮有多大。公主说：大概比她拇指的指甲小一点，是用金子做的。很快，一条金项链打了出来，小公主得到了她想要的"月亮"，病很快好了。

年幼的小公主没有传递给人们最关键的信息——她心中的月亮是什么样子的，导致国王等人对她的需求弄不清楚，走了弯路。如果小公主是一个销售员，那么她必然会错失重要的商机。这个故事告诉我们，销售员对客户营销要讲究效率，要在最短的时间内表达最全面的信息，但前提是关键信息不能丢失，否则会让对方不明就里。

有些销售员性格开朗，口才也不错，但是客户和他们沟通时却经常感到烦躁，总感觉提不起兴趣，导致客户不愿和他们深入交流，其实他们犯了和小公主一样的错：对客户传递的都是不重要的信息，造成了无效交流。那么，怎样交流才能找准关键目标呢？需要注意四个要点。

第一，先谈整体后谈局部。

很多销售员在讲话时容易陷入某些细节而忽略了整体，对客户来说，你描述的细节部分容易掺杂主观上的认知偏好，并不具有客观性，很可能是王婆卖瓜白卖自夸，并不具有可信性，只有多谈整体才能让客户看到产品的价值，也容易让对方运用既有经验去理解。在很多相声段子里，逗哏的为了抖包袱经常会在描述某件事上故意夸大细节，从而产生笑点，如果这种思维方式用在营销中只会让客户哭笑不得。

如果你是一个向家长推荐课外辅导班的业务员，在介绍学校情况时，不要将重点放在学校的某位培训老师能力如何出众、某个学生取得了多好的成绩这些局部问题上，因为家长未必会让孩子选择那个老师，那个成绩好的学生也许靠的是个人努力，你应当强调的是全体老师的业务能力和考上重点中学的学生比例，这样才能让家长产生整体认识并决定是否报名。

第二，先谈论眼前再谈未来。

有些销售员抓不住关键信息，是因为在谈话中缺少"时间轴"，聊着聊着就说到了三五年前发生的事情，给客户陌生感和距离感，无法与当前的实际情况挂钩。打个比方，你是某公司的销售员，面对客户的咨询要用眼下的案例介绍："我们在去年荣获了××质量认证第一名，在今年年初增添了先进设备。"这样的表达才能增强信息的真实性，反之，如果谈论的都是过往就会影响表达效果："我们公司总经理在十年前申请了三项个人发明，我们公司代理的产品在五年前市场份额第一。"这样只能让客户认为你们近几年毫无建树。

第三，多谈结果，少说过程。

很多销售员在谈到产品时，往往会把细枝末节说得过于详细而忽略了结果——如何让客户掏钱，对客户来说，他们更迫切想知道产品的核心价值和主打功能，对一些无关紧要的数据并不在意，而这些就是你要表达的关键信息，一旦被弱化就会让客户失去兴趣。

如果你是一个广告公司的业务员，准备和甲方沟通广告创意时，对方可能对广告并不了解，所以你在沟通时就要避免谈论创意形成的过程，这样既会让对方觉得你在邀功请赏，也会让对方认为你在卖弄专业知识。其实，客户想要的无非是你们头脑风暴之后的结果，这才是你要表达的关键信息。

第四，多谈论常规，少谈意外。

有些销售员在和客户讨论问题时，总喜欢拿特殊案例作为反驳的依据，从而证明对方的观点是错误的。客户认为他在强调个案，销售员却认为这种事很常见，导致双方无法继续沟通。多数情况下，人和人的交流都要以普适性为原则，喜欢拿特例说事的人，很难说服客户。

举个例子，你向一位打算投资的客户介绍某个项目时，不要用该项目在某领域的意外成功作为佐证，这只能给对方一种赌博和撞大运的感觉，而是应当从项目本身的创意、市场前景出发，让客户觉得前景乐观、企业运行稳定，这样才能说服对方和你建立合作关系。

营销的目的在于高效地传递关键信息，因为销售员说服客户的时间往往有限，在推销的过程中需要主观加工一些信息，也容易产生错误的认识，所以在向客户正式推荐之前，应当学会换位思考，站在客户的视角、立场和经验上，判断哪些是关键信息，哪些是次要信息，这样才能构建清晰的沟通思路，让交易顺利推进。

5. 掌握客户弱点，赢得绩效爆点

据不完全统计，国内目前从事销售工作的人至少有8000万，人们普遍认为，销售员都是高情商、会说话的人，事实基本如此。由于销售员长期和陌生人打交道，锻炼出了一般人不具备的沟通能力。

和其他职业相比，销售员具备的核心优势是什么？是能够抓住客户的弱点。这个弱点是心理上的，也是专业上的，更和认知体系有关，只有覆盖到这几项，才能准确捕捉到客户的潜台词，将他们的弱点转变为绩效的爆点。

美国有一位演说家名叫海耶斯，曾经做过销售员，在他刚入行时被一个老推销员带着学习经验，虽然这位前辈长相普通且身材矮小，却很有口才。一天，海耶斯他们出去推销收银机，在进入一家小商店之后，遭到了店主粗暴的驱赶——对方明确表示不需要收银机，然而那位老推销员并不生气，反而笑了起来："对不起，我忍不住要笑，是因为你让我想起了另一家商店的老板，他跟你一样说没有兴趣，后来却成了我们的老主顾。"随后，老推销员向店主展示收银机并介绍优点，只要店主表示不感兴趣时就会讲一个案例：某店主原本不想要收银机可最终还是购买了一台，等等。不一会儿，围观的人越来越多，海耶斯既尴尬又紧张，他担心再次被赶出去，没想到店主竟然被说服了，掏钱买了一台收银机。

这位老推销员的过人之处在哪里？在于他看到了店主"认知固化"这个弱点，也就是对上门的推销员存在偏见，只要打破这种偏见就能让对方产生购买收银机的意愿。简单说，只有先了解客户的弱点才能找到合适的突破口，增加说服对方的成功率。通常，我们可以采取以下手段。

● 巧设问题

客户的弱点可以通过巧妙的提问发现，将对方带入预先安排好的话题中，然后再用合适的话术攻破对方的心理防线。比如，你想跟某个培训机构合作，面向各大企业进行员工培训，但是你不了解客户是否有合作的兴趣，也不知道对方的人才储备是否够用，那么可以这样说："您看，我已经把预估的客户群体都列出来了，如果我们能建立合作关系，这将是一块很大的蛋糕，就是不知道你们的培训师团队能否和项目的体量匹配……"用这种委婉的表达方式，让客户意识到自己可能不具备独自接单的实力，需要和你们配合，这就是隐晦地点出了对方的弱点，接下来就好谈了。

● 换位思考

客户的弱点能够反映出他们的痛点，优秀的销售员能够从痛点出发，通过介绍产品的实用性来刺激客户的购买欲望，就容易说服对方。比如，你打算和一个客户谈下个季度的铺货问题，然而对方已经将主要资金用在其他品牌上，这时你就不要强求对方让出资源，而是应当为他们考虑："既然你们有实际困难，我们也可以临时调整推广计划，让我们的产品和你们代理的其他品牌共用一个渠道，搞搭配销售，当然我们也会照顾友商的利益，要不找个时间大家坐下来谈谈？"这样一段话就点出了客户资源紧张的弱势，同时又表达出了你理解对方的难处，让客户认为你是在为他考虑，自然就愿意接受折中的方案。

● 回避缺点

回避缺点并非掩盖缺点，它是让我们在销售中多强调正面的信息，而少触及负面信息。比如，某一样产品库存紧张时，销售员不应该对客户说："没货了"，而是应该告知对方："我们马上为您调货，请您稍等。"同样，为了促成交易，我们要让客户关注信息的正面价值。打个比方，你准备和一家公司建立合作关系，客户询问你们产品的推广情况（事实上推广度不高），你不妨这样回答："我们现在正着手向二三线城市推进，相关方案已经完成，您要是感兴趣可以跟您细说一下……"这句话的另一层含义是"推广度并不够"，但你却强调了"我们正在推广"，这就是强调了信息的正面性而回避了负面性，那么客户的弱点在哪儿？他明知道你们的推广能力不强还来找你们，说明他们和其他推广渠道没有达成合作，而你给了对方希望——"方案已经完成"，这就说明你们已经占据了时间优势，客户不跟你合作还有别的选择吗？

● 适时赞美

卡耐基说过："人性的弱点之一就是喜欢别人赞美。"当我们向客户推销产品时，一定要猛攻人性的这一普遍"弱点"，才能让客户听从我们的建议。不过，销售员的赞美并非是刻意地逢迎，而是合理地夸奖对方。比如，赞美客户之前要先观察对方的状态，如果情绪不高就不要贸然赞美，这可能会让对方误解你在讽刺他，只有当对方情绪平稳或者亢奋时，赞美的话才有驾驭的作用。比如，你想和客户共享商业资料，对方出于保守机密不愿意透露，你不妨这样说："贵公司在业内的名声数一数二，像我们这种名声不够响亮的下游公司，非常愿意跟你们讨教一下经验，您就当资源扶贫了好吗？"这样一说就把客户放在一个较高的位置上，采取"捧杀"的策略，让对方难以拒绝，只能满足你的要求。

优秀的销售员都善于寻找客户的弱点，因为弱点代表着对方的特点，只有充分了解这些基本信息，才能灵活地使用各种心理博弈技能，只有当客户在这场看不见的战争中败北时，才会心平气和地与你建立交易关系。

第四章
熟悉心理暗示术
——让客户不知不觉主动说"是"

戴尔·卡耐基说过："人是不可能被说服的，天下只有一种办法可以让任何人去做任何事，那就是让他自己想去做这件事。"巧妙地研究客户潜意识，运用针对性策略引导客户思维，让客户不知不觉主动说"是"。

1. 赢得信任就掌握了主动权

　　人与人之间的沟通要诀在于彼此的默契程度，不默契的沟通只能引起误会，只有处于相同的认知维度才有利于信息的交互。那么，所谓的认知维度是什么？心理学上有一个名词叫作"图式"，它是指人脑中已有的知识经验的网络，也指人类加工信息的模式。一般来说，图式接近的人更容易沟通，比如，你和你的朋友看到了一张羽毛的图片都会联想到鸟，这就说明你们的图式接近，因为鸟的特征有很多，比如尖嘴和翅膀，等等。如果你想到的是鸟，而你朋友想到的是羽毛球，这就说明你们的图式存在着差异。图式一旦形成，就会有相当的稳定性，伴随着人的一生，而图式决定着人们在信息选择时的倾向和偏好。

　　心理学上还有一个"自己人效应"，是指对方认为你和他是同一类型的人，由此会在心理和感情上更靠近你，如何产生这种感觉呢？就是让你和客户拥有相近的图式，这样客户才能把你当成自己人，产生了这种安全感，销售员才能在客户心中轻而易举地建立一种信任感。有了信任感做铺垫，销售员就掌握了主动权。

那么，销售员如何与客户建立信任感呢？单凭一句暖人心的话？当然不可能，除非客户是一个很容易被感动的纯真少年，因为建立信任的过程是复杂的，要分成四个步骤。

第一，倾听。

有人认为，出色的销售员都是口若悬河的，其实不然，真正顶尖的销售员不见得多会说话，但他们面对客户往往能够耐心倾听。日本人在讲话时，如果一个人在说，另一个人会不断地说"是"，这就是在鼓励对方继续讲下去，也是作为接受方的礼貌回应。同理，在我们倾听陌生人说话时，也应当和对方保持互动，一来是出于礼貌，二来是为了营造良好的沟通氛围。最常用的表情互动是视线接触：当对方讲话时，我们要时不时地看着对方，不要让视线放在距离对方太远的地方，否则对方会认为你对他讲述的话题毫无兴趣，打击他沟通的积极性。

那么，倾听要掌握哪些技巧呢？你要学会提出有价值的问题，比如"您有哪些兴趣""您为什么购买现在的房子"，等等，这些问题看似是在聊家常，其实是在寻找客户和商品的关联度，因为兴趣可能会和客户的某些需求挂钩。当然最重要的是，通过询问客户能够让对方获得一种心理上的满足，也就是人人都有被人了解的需求，有了了解才可能产生认同。现代人活得都很功利，很少有人愿意拿出时间和别人闲聊，都只顾着发表自己的主张和看法，所以当销售员愿意去倾听客户时，那就意味着信任关系可能会建立起来。

第二，不断地认同客户。

客户讲的不一定全对，你可以不赞同，但也不要直接反对，可如果客户提出反对的观点，你一定要抓住机会表示认同，因为这是建立信任的加速阶段，让对方认为你们有着相近的价值观，从而才可能认同你表达的观点。比如，客户说你推荐的音响低音不足，高音不够清晰，你不用发表任何意见而是让对方继续试听，直到对方指出中音比较通透之后，你再表示赞同。

第三，模仿客户。

这种模仿几乎是全方位的，但不是小品中刻意模仿对方的取笑，而是保持和对方接近的频率，比如语速，如果销售员说话太快而客户说话较慢，客户就很难对你产生信赖感，也不可能建立更进一步的关系。再比如表达方式，如果客户喜欢用简练的词汇去描述，那么销售员也不要发表高谈阔论，这样才能保持沟通的流畅性。另外还有表情和小动作，如果客户肢体语言非常丰富，那么销售员也要偶尔模仿一下，让客户不至于觉得自己在做舞台表演而尴尬。当然，这种模仿要尽量自然，要让客户认为你本来就是这样的人，否则会觉得你在嘲弄他。

第四，证明给客户看。

客户提出疑问之后，销售员一定要正面做出回应，不管你是否能完美解答都不能刻意回避，因为这既是对客户的尊重，也是证明你具有职业操守的表现。在营销沟通中，很多客户都会说这样的话："那好，如果你说的都是正确的，那你证明给我看！"这时候就需要销售员通过产品展示等方式证明给客户看，如果实施起来有难度也要向客户说明原因，否则对方会对你产生成见，再想改变就很难了。

不可否认的是，每个人都是独一无二的，销售员不可能完全和客户保持高度的相似或者绝对默契的频率，但销售员应当尽量认真倾听和分享客户的思维模式，然后运用对方易于接受的方式进行沟通，这样才能为交流清除障碍。

当销售员和客户在某一点上产生共鸣之际，就是培养信任感的开始之时，就能够将话题成功转移到产品上，否则只能引起客户的反感和猜疑。销售员在获得客户的信任之后，要让对方相信自己的推荐是为了让他获益而不是受损，只有熟悉这种操控手段，才能提高成交的概率并减少推销的成本。

2. 叛逆的客户这样管

作为销售员，似乎没有谁愿意和挑剔的客户打交道，因为这一类人总是吹毛求疵，会给商品挑各种毛病，甚至可能会故意夸大商品的缺点进而压价，或者是对销售员故意刁难。不过客观地讲，中国的消费者和西方的消费者相比，大部分还是比较好说话的。如果买到质量不好的东西要么退换，要么自己吃哑巴亏，而同样的事情如果发生在西方，很可能会对簿公堂，因为在西方人眼中，花了钱就有权利提出要求。

正因为大多数中国消费者不愿意吹毛求疵，所以才让那些看起来很挑剔的客户显得比较讨厌，他们很像是家庭中叛逆的小孩，会对父母和老师的话提出质疑并且不会轻易屈从。然而事实上，叛逆的孩子更容易管教，因为他们已经提出了明确要求，只要你能满足这些要求，他们基本上就会心服口服，而那些一味顺从的孩子，你根本不知道他们心里想着什么，反而不容易真正管教。同理，那些挑剔的客户也并不可怕：第一，他们明确提出了要求；第二，他们在变相帮你完善产品。

一位资深销售员说过这样一段话："客户拒绝并不可怕，可怕的是客户不对你和你的产品发表任何意见，只是把你一个人晾在一边，所以我一向欢迎潜在客户对我的频频刁难。只要他们开口说话，我就会想办法找到成交的机会。"

挑剔的客户给了产品改进的机会，同时也给了销售员提升自我的机会，因为客户可能不仅针对产品提出意见，也许会对你的销售方法给出建议。在发达国家有这样一种理念：一个提出意见的客户意味着有十个客户因同样的看法而放弃该企业的产品，这些沉默的客户虽然没有发出声音，但是他们用行动直接否定了企业，所以这样的客户才是真正残忍的。

虽然道理如此，但是很多销售员从感情上还是不愿意接待挑剔的客户，他们通常采取"对付"的做法：能换就不退，能退也不退全款，实在不行就把锅甩给上一层，或者干脆拒绝客户的要求只会复读机似地道歉……这样的做法，要么逼迫客户采用更激烈的方式进行对抗，要么就选择换新的一家。这样的销售策略看似维护了商家的利益，其实是在败坏商家的信誉，毁掉的也是长远的利益。

一位客户来到一家箱包专卖店，在销售员热情的介绍下看中了一款皮包，客户问皮包是不是正品，能不能保证质量。销售员说他们出售的皮包是全国连锁，每一家分店都是讲究信誉的，所以都是正品。客户接着又问，皮包保养起来会不会耗费时间和精力，销售员说不会的，因为他们的皮包经过特殊处理，只要用湿润的棉布擦拭就可以了，然而客户还是不太放心地指出，皮包的颜色和拉链配色不是很好。销售员解释说，看起来有点突兀，但是这种色彩搭配是黄金搭配，会给人眼前一亮的感觉。客户又说，这款包看起来有些大。销售员说，包虽然大了一些，但是采用了休闲的款式弥补了这种缺陷，让人背上去并不会觉得沉重，反而给人一种轻松和休闲之感。客户又问，包上的配饰能不能换一个，感觉换了红色会更适合。结果，销售员依旧面带笑容地说："您真是我见过的最有品位的客户，就像我们的设计师一样追求精益求精，当然他也曾经想过用红色。"话说到这个份上，客户一来消解了心中的疑惑，二来也被销售员送来的高帽子捧起来，终于付款买走了皮包。

通过这个案例不难发现，客户挑剔的地方越多，就越证明他在不断设想自己使用产品后的体验和感受，这就说明对方已经有了购买意向，所以当销售员答疑解惑之后，就会从购买意向变成购买决策。相反，如果销售员对这种挑剔缺乏耐心，那么成交的概率就会大大降低了。

所谓"不打不成交",客户和销售员虽然应当保持礼貌的沟通,但是偶尔发生一次正面的"冲突"也是有好处的,因为只有这样才能互换各自掌握的信息。销售员把对产品的专业知识交给客户,客户把实际使用的体验交给销售员,经过这样的交换才能加深销售员对产品的理解,也能强化客户对品牌的认同,否则客户很难和该品牌产生黏着度。

一些成功的销售员总结经验:如果一个客户对产品越宽容,往往代表着对方的购买意愿越低,所以挑剔才是客户购买产品的前提,销售员也应该对他们更有耐心。

既然挑剔的客户如此重要,作为销售员该如何应对他们呢?在具体沟通的时候,销售员应当注意以下四个问题。

第一,侧面化解客户的挑剔情绪。

有时候,客户因为挑剔而对产品有了某种主观上的认知偏差,这时不要急于解释,因为客户很可能听不进去,应当运用其他手段转移客户的注意力,比如一些产品说明或者视频等,然后再向客户解答他们心中的疑惑。

第二,巧妙地否定客户的看法。

如果碰上那种极为挑剔甚至是苛刻至极的客户,销售员与其正面否定客户的看法,不如婉转地承认他们意见中的某些要点,但是要对核心要点进行有理有据地阐述，需要注意的是，销售员不能在客户提意见的时候打断对方，这样只能恶化关系。

第三，比客户先提出问题。

如果你确定自己遇到了挑剔的客户，那么最好在对方开口前就把他可能要挑的毛病说出来，这样显得你主动积极，然后再用合理的解释指出：这些只不过是小瑕疵，无伤大雅。其实，只要客户真的看中了商品，他们还是能够容忍一些小毛病的。

第四，顺着客户的话回答。

如果客户是行家里手，提出了专业性的意见，那么就不要把对方当成白痴，光明正大地承认商品存在的问题，但是要表达出一个中心思想：这个问题是碍于某种客观原因而存在的，不会影响商品的核心价值。这样一来，客户见你没有反驳他，也不会再用其他借口去为难你，多半还是能够接受商品存在的小问题。

俗话说，嫌货才是买货人，对产品不挑剔的客户，你根本不知道他的潜在需求以及使用痛点是什么，面对这样一个"乖顺的孩子"，你能够真正满足他的需求吗？

3. 挑起客户的攀比心让对方掏钱

相信很多销售员都有一个小愿望：如果我能轻而易举地控制客户的思想，让他们痛痛快快地掏钱，岂不是业绩无忧了吗？在实际操作中，很多销售员确实想通过给客户"洗脑"的方式来赚取更多的钱，事实上，想要改变客户的想法并不难，只要合理激发他们的攀比心，就能让你的产品成为对方眼中"必须选购"的东西。

心理学有一个名词叫"羊群效应"，它讲述的就是经济个体跟风的状况。因为羊群在自然界是缺乏管理的组织，一旦有一只羊乱动起来，其他羊也会跟着一拥而上，根本不顾旁边可能存在的危险。让客户与其他消费者进行攀比，就是让他们盲目从众，暂时放弃理性思考而去当一只焦躁的"羊"。

在心理学上，攀比心被认定为比较阴性的一种存在，也就是负面影响较大。然而在消费主义观念盛行的当下，攀比心无处不在，几乎人人都或多或少地受到某些影响，特别是在生活水平不断提高之后，很多人更加重视基本消费以外的需求，当然这也是社会发展的必然结果。

心理学认为，人的身份层次影响着具体行为，也就是说人们会根据自身的定位去做与之相符的事情。销售员想要卖给客户一件产品，首先要给予客户一个身份，一旦对方认可了这个身份，就会认同你的产品，这时怎么谈都会容易很多。打个比方，一对情侣过来买情侣手表，销售员想要推荐给他们价格较贵的一款，不妨这样说："我们这款表是上个月刚上市的，已经卖出了8对，主要是针对恋爱3年以上的情侣，而你们正好符合这个特征，我认为你们这种深厚的感情在今天相当不易，只有这一款才配得上你们的爱情。"这样一来，销售员给了情侣一个较高的定位，如果不买等于否定了他们的爱情，被其他情侣比下去了。

激发客户的攀比心是一项技术活，不能太过直白，也不能太过隐晦，而是应当让客户"刚刚好"感觉到，这需要从以下方面入手。

● 设定参照人群

客户要攀比总要有具体的对象，这个对象不能距离他太近，因为他可能了解对方很多内情，导致攀比的欲求太弱，但是也不能距离客户太远，否则会让他无法代入，所以最常见的办法就是用和他同一层次的人进行对比，虽然可能不认识参照目标，但客户心中会有一个社会等级的参照图表，就会不由自主地进行比较。

　　一位户外用品销售员接待了一位男客户，通过简单了解，销售员得知对方是一个小有成就的私企老板，但是对方的消费观念比较节俭，选购的都是性价比较高的装备，这时销售员对客户说："您选的这些装备耐用结实，一看就是行家了。"客户以为被恭维到了，也满脸堆笑，然而销售员又说："我也接触过很多私企老板，他们对户外运动都是叶公好龙，一年也就装装样子出去一次，所以买的装备也都是些价格昂贵的品牌货，内行一看就知道是在烧钱，外行看了只是觉得外形炫酷，不像您这么务实。"客户听到这儿觉得有些挂不住脸了，他不想被和自己同一层次的人比下去，于是放弃了平民款，选购了价格较高的装备。

　　需要注意的是，销售员为客户设定的参照人群一定是有竞争力的人群，也就是说让客户感受到某种压力，千万不能选错了对比目标，比如低于客户所在层次的，这样只能让客户满足现状，产生优越感，不会再改变之前的消费意向。

　　● 抬高客户的身价

　　攀比是一种心理游戏，跟人的主观情绪有直接关系，也就是说情绪处于波动状态才会有攀比的欲望，实现这个目标的直接办法就是提高客户的身价。身价提上去了，客户才愿意进入这场游戏。

　　一个卖芭比娃娃的销售员，有一次接待了一对父女，父亲给小女孩选购了一款价格适中的娃娃，女孩也比较满意，这时销售员开口了："小姑娘穿得真漂亮，这身衣服一看就不便宜。"父亲一听也感觉良好："哪里哪里，不是什么大牌子。"销售员说："是不是大牌子我也不太清楚，但确实让人觉得这小姑娘是中产家庭长大的，气质不俗。"父亲一边打着哈哈一边享受着销售员的逢迎，这时销售员又说："您选的这款娃娃虽然做工也不错，但是配件太少，脸部也不够精致，属于面向大众的普通款了，而这一款是限量版，您要不要看一下呢？"父亲因为接受了刚才的恭维，觉得自己已经成为中产阶级了，而"面向大众"和"限量版"对比又显得十分尴尬，就不由自主地接受了销售员的建议，而小女孩看过之后也认为贵的娃娃更可爱，这位父亲就放弃了购买普通款。

　　当客户的身价被抬高之后，他们就会产生一种认同错觉，认为自己应当购买比实际消费能力偏高的东西，这样才能满足内心的潜在需求，而当别人认同了这种身份之后，他们出于维护自尊也会维持这种攀比心态。

● 提供不同价位的产品

既然要让客户攀比，就要让对方知道哪些东西昂贵，哪些东西廉价，这样才能产生对比效果。为了达到这个目的，销售员可以尝试在销售区域内让客户看到价格不同的展示品，这样他们才会因为购买昂贵的商品而满足虚荣心。如果销售员再加上几句话就更有效果了："您看，买就买个过得去的，这一款虽然便宜不少，但买的都是对生活没什么要求的人，也不符合您的消费定位，而这一款虽然贵，但是物超所值，买的人也不少，而且档次也上去了，您的亲朋好友看到了也会认为您注重生活质量……"利用这种话术对客户开导，能够让他们对购买廉价品的需求降到最低。

攀比心对客户来说是魔鬼，它会让人们走向非理性消费，但是对销售员来说，攀比心就是天使，它会让你赢得业绩，掌握控制人心的能力。不过需要注意的是，销售员可以向客户推荐质量好、价格高的产品，但绝不能将原本档次就不高的产品包装成高级货，这是在坑害客户，因为你提高的只是产品的价格而非价值。

4.试一试"激怒"客户

　　一个成熟的销售员，能够以各种灵活的话术去应对客户，既能说出暖人心扉的甜言蜜语，也能说出看透人心的知心话语，更能说出激怒对方的"挑衅之词"。当然，所谓的挑衅不是真的要激怒对方，而是对客户采取"激将法"。

　　激将法，就是采用一定的语言技巧去激发客户的自尊心，让对方在逆反心理的作用下加快交易。一旦使用了这种技巧，就会让客户排除干扰，将全部注意力放在购买的产品上。当然，这个技巧有一定难度，在实施的时候需要注意三点。

　　第一，要准确了解客户的心理。

　　如果对客户的情绪和心理不甚明了，那就坚决不能使用激将法，因为很可能真的把对方激怒，到时候就不好收场了。销售员应当弄清，被"激怒"的客户一定要有足够的虚荣心和自尊心，这样才能让他们坚定地掏出钱来，如果对方是对什么都不在乎的人或者是务实主义者，那么激将法只能适得其反。那么，如何寻找这一类客户呢？一般来说，那些讲究穿衣打扮的客户，通常都是有虚荣心的人，另外在和对方沟通时，如果发现对方自我意识较强，生怕别人看不起，有意无意过度炫耀自己，那么这一类人也适用于激将法。

第二，要注意你的沟通状态。

销售员不要自大地认为，客户不知道你在使用激将法，因为这是一种很容易辨识的计策，所以在施展的过程中一定要保持自然而然的态度，这就要在表情、语言和小动作上多加注意，千万不要拿出在舞台表演的气势告诉客户："这款手表已经被那位先生预订了，您再不出手就没有了！"这样直白的激将法只会引起对方的警觉，不会有好的结果。正确的说法是："这款手表数量有限，今天有三位客人过来看货，您是幸运的第一个，不过再有五分钟，幸运可能落在第二位身上了。"这样相对隐晦的表达，既能够让对方出于维护自尊而下定决心，也不会在措辞上真的激怒对方。

第三，不要以牺牲客户的自尊为代价。

所谓刺激自尊，只是为了让客户出于维护自尊的目的而加快决定，并不是以侮辱对方作为前提，这样只会让客户讨厌甚至憎恨你。简单说，你应该让客户知道"如果您不买别人就买了"而不是"你是因为没钱才不买的"，这两种信息的传递对客户的影响是截然不同的。

为什么销售员要使用激将法呢？是因为多数客户在决定是否要购买某件东西时，都会或多或少地犹豫一下，因为买错产品之后的代价可能不小，所以他们自然而然会在即将成交之际拖延时间，这时只有增加一点外力才能坚定他们的决心。

一位部门经理想要购买一台最新式的电脑，不过因为预算的问题，在和电脑销售员沟通之后犹豫不决，哪怕销售员已经给了他最低的价格也还是下不定决心，因为部门经理生怕买了这么贵重的东西会遭到上司的批评。经过一段时间的沟通，销售员看出了这位经理的心思，就对他说："像您这么年轻就当上部门经理的人，我目前只见到两位，一位是您，另一位是上个月过来的一位客户，他在我这儿配了一台苹果电脑……"虽然这款电脑价格不菲，但使用者地位却和自己相当，部门经理听了之后也认为销售员说得有道理，就狠狠心付了款。

激将法的优点在于，能够利用客户的自尊心，让对方无视一些现实性因素，采用感性的方式去选择自己可能并不特别需要的东西，客观上为销售员减少障碍，获得一种变相的自我满足，这比销售员使用其他技巧要节省时间和精力。不过，激将法的缺点也很明显：第一不能选错人，第二不能选错时机。关于第一点我们前面已经说过，要选择有虚荣心的客户，不能选错时机，就是要准确掌握客户犹豫不决的那个关键点，换句话说就是客户对产品有意向却不能下定决心的时候，而不是在客户还没有表现出对产品的意向之前，这时采用激将法毫无意义，只能引起对方反感。

销售中常用的激将法有三种。

第一种，正面刺激。

这种方法适合于那些脾气比较暴躁的客户，而且最好是关系和你比较熟悉的客户。简单说你会预估到他被激怒之后的大概反应，对那些比较陌生的客户需要慎用。比如，你对一个熟识的老客户说："这套设备人家××已经决定要买了，咱们是老熟人了我也就不瞒你了，谁先拿到货谁就赚钱，你这次可是亏大发了！"这种激将方式的核心在于让对方瞬间"暴怒"，觉得不买下这件东西就是保不住面子了。

第二种，暗中刺激。

这种方式适合对不太熟悉的客户或者是女性客户，也就是用类似明褒暗贬的方式让对方感受到一种"威胁"，然后出于维护自身尊严的目的而购买产品。比如，你对一位刚认识的女性客户说："这条项链很多女士都很中意，她们也像您一样气质高雅、地位显赫，如果戴在身上就更显得雍容华贵了。"这种激将方式不会让对方保不住面子，但是会隐晦地告诉对方，如果不买会有什么样的后果。

第三种，引导刺激。

这种方式需要你慢慢引导客户"发怒"，而不是通过一两句话实现，从而将其引导到一个事先设定好的目标上。比如，你对客户说："其实这套家电性价比确实不太高，出于节约资金考虑，我认为您可以暂时作为后备选项，要不您看看别的？"于是客户就转向了相对便宜的一套家电，这时你又说："这款家电面向工薪阶层，性价比很高。"话说到这里，客户终于意识到自己已经被认定为"工薪阶层"了，而他心里的定位可能是"精英阶层"，你就成功地用另一套便宜的家电刺激了对方的自尊感，客户十有八九会决定购买更贵的那套。这种激将方式既需要销售员去引导，也需要客户自己"幡然醒悟"，从表达方式来看更加隐晦，刺激的力度也更大。

常言道：请将不如激将，如果能够在销售的成交阶段恰当地使用激将法，不仅会收到积极的效果，还会变相满足客户的自尊心，让他们在付钱给你的同时还要感激你：因为你"激怒"了我，我才知道原来消费是一件快乐的事！

5. 男女有别，套路各异

前些年有一本畅销书叫《男人来自火星，女人来自金星》，讲述了男人和女人在思维方式上的差别。有时候看似微不足道的一件小事，也会因为染色体的差别产生大相径庭的结果，而这正是男女之间奇妙而有趣的反差。对于销售员来说，除了要按照个性特征区别对待客户之外，还有一个最明显的"套路分水岭"，就是性别之差。

男客户和女客户，因为生理和心理上的差别，在接触时要采取不同的应对方式。首先，从沟通上看，男女存在四个显著差别。

第一，男性喜欢打断别人的话，女性则很少。

和女性相比，男性的思维方式更偏重逻辑性，所以当你讲的话不符合他们预期的逻辑轨道时，他们就会打断你；而女性天然擅长倾听，所以一般不会急于插嘴。因此面对男性客户时，一定要专注于某个话题，即便对方突然打断你，也要尽快把话题拉回来，否则会影响你的营销计划。如果面对的是女性，可以不过分专注话题，但是要避免啰唆，保持和谐的沟通氛围。

第二，男性喜欢从语言中发掘信息，女性则更依赖于交流的氛围和体验。

男性的思维方式偏重理性，所以他们一般不会被表象的东西所打动，即便你说得天花乱坠，即便你把展台布置得五彩缤纷，男性还是会通过你传递的信息中，自主判断，找寻有价值的关键点，所以在和男性沟通时要注意用词的准确性，不要让对方造成误会，也不要出现漏洞被对方抓住。面对女性客户，要在语气语调和谈话氛围等附加方面上多注意，不要让对方感觉不自在，一定要注意氛围的营造。

第三，男性极少在沟通中描述自我，女性则喜欢倾诉。

由于男性更专注一些所谓的"正事"，所以很少会和销售员扯题外话，而女性则喜欢暴露自己在情感方面的信息。鉴于这种差别，对待男性客户只能从理性分析入手，通过你的讲述让对方明白自己的利益不会受到损失，这样才容易说服对方。面对女性客户，要从情感方向入手，让对方觉得购物是一件快乐的事并分享她们的喜怒哀乐。

第四，男性谈论话题偏向社会性，女性则更关注当下。

因为男性喜欢接受各类信息，所以知识面相对宽泛一些，他们可能会谈论工作本身，也会议论国际时政，评述历史人物，谈及体育、游戏、数码，等等。女性通常对政治、军事这些话题不感兴趣，她们关注的是时尚娱乐、明星绯闻、家长里短，等等。由于存在这种差别，销售员在面对男性客户时要随时准备切换话题，不能让对方把话题带太远，也要学会从不同的切入点转移到产品本身，这样才能避免营销工作中断。面对女性客户，销售员不必掌握太宽泛的知识，但要对服饰、化妆品以及生活琐事多加关注，从中寻找有利的信息作为推销的谈资。

其次，从购物行为上看，男女客户存在三大差别。

第一，男性的购物目的性更强，女性往往没有明确的目标。

男性受到理性思维的控制，在购物之前基本上就有了一个大致的选择方向，除非发生强烈的干扰因素，否则他们很少会被销售员洗脑，而是坚持既定的主张。女性虽然也可能制订购买计划，但是变数很大，会受到购物环境、销售员口才以及一些意外因素的影响。因此，销售员面对男性客户时要从对方的既定目标出发，寻找无限贴合对方要求的产品，如果实在找不到，也尽量用实证去推荐更合适的商品。面对女性客户，要做足表面功夫，让对方被一些营销元素感染，推翻之前的计划，然后按照你预设好的方向推进。

第二，男性处理冲突更决绝专断，女性则"有感而发"。

一般来说，男性对问题是就事论事，思维不会很跳跃，他们会将自己的意见和对销售员的意见讲出来，同时表明自己的立场，不会拖泥带水地处理问题。女性本身渴望亲密度和关注度，所以发生分歧后容易意气用事，把问题的症结归到其他原因上。基于这种差别，面对男性客户时要分析对方与你冲突的原因，然后寻找一个能够确保双方利益的解决方案。面对女性客户，销售员要学会耐心地开导她们，要关注对方的情绪变化，不要让对方陷入波动的情绪中，这样才能平复她们的愤怒和不安。

第三，男性喜欢在购物中展示个人实力，女性更喜欢展示魅力。

受制于价值观基础的不同，男性希望在购物中体现自我价值，所以他们不喜欢被销售员"教育"，他们不希望得到过多的帮助——哪怕是善意的提醒，他们会将这些看成是对自己的冒犯。女性往往喜欢倾听别人的意见，虽然未必会真的接受，但没有足够的交流会让她们觉得枯燥乏味——当然喋喋不休的推销也会让她们反感。因此，面对男性客户时，销售员要尽量肯定他们展示出来的某种状态，要恭维他们的综合能力，要足够尊重对方。面对女性客户，要从一个销售员或者导购员的角色上变身为闺密，让对方感觉被一直陪伴着，这样才能和她们更近一步。

最后，从应对策略上看，男性和女性客户的接待方式也有很大不同。

男性中烟民数量较多，如果环境允许的话，递上一根烟会瞬间拉近距离。如果对方不抽烟，那么也可以通过品茶、喝酒或者其他嗜好入手，只要找到共同兴趣就容易打开突破口。女性爱吃零食的较多，如果你身边有零食，可以和对方分享，如果没有，那就要从细节上恭维对方——不要笼统地夸对方长得好看、有品位，要夸赞对方佩戴的小饰品，因为这些看似不起眼的小东西往往都是对方精挑细选才戴在身上的，如果有人注意到它们，对主人来说是莫大的肯定。总之，销售员应对女性更容易找到切入点，应对男性则要加强攻坚力度。

当然，男女之间的差异不是绝对的，根据心理学研究发现，七个男性中就会有一个具备女性思维，反之同理。我们按照性别划分只是做一个概述，并不能局限于性别的标签，要懂得综合其他因素做出推断。虽然听起来有些难度，但是只要了解对方的思维概况和情绪概况，就能大致感受到对方的购物体验，借用以心度心的方式深挖对方的需求。

第五章
吸引力原则
——让客户主动接近你

有价值的客户不是硬抓来的，而是被吸引来的。销售人员最终要靠春风化雨的影响力赢得客户认同，而不是对客户指手画脚。拉近彼此距离，营造吸引客户的强大气场，让客户主动接近你，会让你在销售的任何方面都立于不败之地。

1.激发好奇心才能钓大鱼

有价值的客户不是硬抓来的，而是被吸引来的，而吸引的关键是要激发客户的好奇心，同时为商品创造一个良好的展示环境，这样一来就能提高成交的概率。以闻名世界的宜家为例，他们除了在展厅里放置精美的家具之外，还会摆放其他产品。当客户想要购买一套沙发时，为了发现更好的沙发就会不断寻找，中途可能会经过摆着精致餐巾纸和美丽花盆的展示区域，结果又被这些本来没有列入购买清单的商品所吸引——这就是消费心理出现了转移，也被称为"格林效应"。

格林效应从侧面证实了一条道理：客户其实是迷茫的，他们像在深海中迷失的鱼，只要给他们一点光亮，他们就会追光而去。

在市场繁荣的今天，同类型的商品款式多样，让人眼花缭乱。很多客户根本不知道自己该如何选购，他们有购买的欲望，也准备了银子，却在该出手的时候犯了选择困难症，这就需要销售员主动出击，帮助客户快速做出决定。

据统计，在销售员和客户沟通的最初5分钟之内，客户的注

意力比较集中，如果销售员能够将商品的亮点展示给他们，就会
获得和客户继续沟通的可能性直至成交，反之，客户就会弃你而
去。因此，吸引客户的最佳手段就是激发他们的好奇心。

好奇是人类的天性，也是推动人类产生各种行为的动机之
一，尤其是陌生人之间的初次交往，更容易对彼此产生好奇，我
们可以利用这种认知特点做好开场，比如，你第一次见到一位潜
在客户时可以这样说："请允许我提一个问题，您知道世界上最
懒惰的东西是什么吗？"对方一听自然会觉得很好奇，就会问你
原因，这时候你可以回答："就是您藏起来闲置的钱，它可以
购买我们生产的电子保险箱，让您足不出户就能确保财产的安
全。"通过制造话题，营造神秘的气氛，从而引起对方的关注，
在解答谜题时将你要表达的重点合理说出。

在心理学上，好奇心被看成是心灵上的饥饿，它源于人们的
一种天性，是所有行为动机中最强大的，能够跨越种族、文化和
时代等不同背景，从广义上讲，任何人都无法抵挡好奇心产生的
诱惑力，那么销售员就要利用这种力量形成吸引力。

不同行业的销售员面对的客户群体不同，医疗器械销售员要
面对医生，化妆品销售员要面对女顾客，电器销售员则面向更复
杂的群体……这些客户的需求点不同，兴趣点也不同，但是有一

点是相同的，那就是他们都对陌生的商品或者新奇的功能有了解的欲望：医生想知道新器械的复健效果，女顾客想知道眼影对脸部魅力的提升作用，购买智能电视的顾客想知道它的新功能……锁定客户的需求，才能准确勾起他们的好奇心。

好奇心从何而来？它源自亲眼所见，要让客户感受到它独特的外观和新奇的性能，才能产生进一步关注的欲望。比如，化妆品销售员在得到女顾客的允许之后，让对方试一下眼影的效果，她就能亲身感受到眼部换妆的快感；电器销售员将新款电视的新界面展示出来，能够让客户眼前一亮，这时再将遥控器交到他的手上，客户就会不由自主地操作体验。在以好奇心为贯穿元素的体验和试用场景中，和商品的融合程度越高，客户最终产生消费行为的概率越大。

一般来说，让客户产生好奇心有多种方法。

● 悬念法

在销售的过程中可以适当地设置一些悬念，引起客户的注意，吊起他们的胃口，这比硬邦邦地来到客户面前推销更有效果。只要满足了客户的好奇心，就能与客户建立信任关系，便于接下来的交易。

有一位出售去污剂的销售员，虽然勤劳肯干却业绩不佳，他的推销方式就是现场演示去污剂的效果，但因为客流量不够大，很少有人注意到他演示的全过程，反而让人觉得很尴尬。后来，销售员在一位老销售员的提醒下采用了新办法：每当有顾客接近他的销售区域时，他就会故意将工作服弄脏，用这种看似不可理喻的行为设置悬念，当顾客惊讶地看着他时，他再用去污剂清除污渍，全程吸引了大家的注意力，很多顾客对这种新奇的推销方式很感兴趣，也被去污剂的强大功能所打动，于是纷纷购买，销售员的业绩大幅度提升。

事实证明，具有悬念性的动作比悬念的语言更有吸引力，它会在无形中抓住客户的眼球，即便销售员不动嘴去说，客户也愿意等待谜底揭晓的那一刻。

● 展示法

有些销售场景不适合设置悬念或者效果并不突出，那就不如将商品的差异化特点向客户展示出来，用新奇感去捕捉客户的探知欲和购买欲，往往也会有出其不意的效果。

国外有一个水果销售员叫鲍洛奇，有一次，他的老板交给他18箱被火烤过的香蕉，这些香蕉不仅外表焦黄而且还带着黑点，很多顾客看上一眼就嫌弃地走了。为了保住自己的工作，鲍洛奇对着顾客大声吆喝："美味的阿根廷香蕉，风味独特，快来买呀，独此一家，过时不候。"这个新奇的品种名字很快吸引了一位顾客，因为他从来没听过阿根廷香蕉，于是鲍洛奇向顾客介绍：这种黑点和焦黄色正是阿根廷香蕉的特点，为了让对方相信还剥了一根香蕉给他，顾客觉得味道独特就购买了一些，最后18箱香蕉被抢购一空。

展示法的好处在于，无论客户是否有丰富的阅历，只要你提供给他们的信息是闻所未闻的，就能勾起他们了解的兴趣，甚至对方越是见多识广就越有一探究竟的冲动，在这种强大的心理动因的作用下，客户会不知不觉地想要拥有你展示的商品。

● 半糖主义

"半糖主义"原本是恋爱中一种健康的态度，即女生对男生不要过分给予甜蜜的爱，要有所保留，这样能长久地维持关系。这个理论用在销售学上同样适用，因为客户对你出售的商品不会一开始就充满兴趣，这时你不妨展示出一部分的新奇点，会让对方有深入了解的兴趣。

一个代理胎压检测设备的销售商，免费为一个汽修店检查了几个轮胎，然而店主还是没有购买的意图，这位销售商对店主说："昨天我帮您检测的那批轮胎中，有几个发现了小问题，不过不影响使用。"店主一听觉得很奇怪，追问到底是什么问题，然而销售商没有急于回答，而是当着店主的面重新演示了检测仪的使用方法，让店主在精神集中的状态下了解它的性能和特点，这时销售商才把检测出的问题说出来，店主对仪器产生了兴趣，很快就批量购买了一些。

半糖主义的精髓在于：告诉客户必要的信息，保留次要的信息，让客户明白你这么说不是卖关子，而是没有必要，当客户产生了打破砂锅问到底的念头后，你就可以抓住他的消费欲望进一步行动了。

需要注意的是，"好奇心"这个工具要适当使用，不要玩得过火，不能让客户觉得你是在故弄玄虚，因为无论是设置悬念还是展示商品都要结合客户自身的利益，比如，卖去污剂的销售员要合理介绍它的使用范围，不能把它当成万能去污剂，鲍洛奇也不能将变质的香蕉卖给顾客……切记，一旦客户发现你在欺骗他，原有的猎奇心理就变成了厌恶心理，任你再怎么解释也无用了。

好奇心是驱动客户了解产品的原动力，但这个动力需要掌控在合理的节奏上，销售员在展示商品的特性时，不要一看客户被吊起了胃口就忙着让对方掏钱，要给客户了解商品、试用商品的机会，这样才能循序渐进地刺激和强化客户的消费欲望，最终收获真金白银。

2.告诉客户你卖的是"奇货"

很多销售员面对客户时，都绞尽脑汁让对方尽快掏钱，不过往往事与愿违，因为销售员表现得越热情，客户越认为其中有猫腻。当然，问题的关键还是在于，客户觉得你费尽口舌推荐的产品别人那里也有，所以不会急着购买。反过来想想，如果你向客户推荐的是"奇货"，他们还会如此淡定吗？

营销学有一个专有名词叫作卖点营销，是刺激消费者购买欲望的一种手段，通过提高语言技巧，充分展示商品的卖点。一般来说，产品的卖点分为两种，一种是凭借专业的语言和演示才能表现出来，还有一种是依靠消费者易于理解的方式展示。准确地讲，卖点具有强烈的排他性，也就是两个同类商品不能具有相同的卖点，因为这就违背了卖点的核心概念：具有竞争优势。自然，卖点就是奇货最大的特征，也是能否吸引客户购买的关键因素。

卖点一方面是与生俱来的，另一方面是通过包装和策划人为加上去的。对于第一种卖点，基本上不需要投入过多精力，只要适当地展示出来就可以了。对于第二种卖点，我们需要花费心思展示给客户，将卖点融入沟通中，转变为沟通对象能够理解的形象，这样才能获得预期的沟通效果。

能否把普通商品包装为奇货是销售的关键，在对客户开口之前，销售员应当准确地找出卖点并将其转化为交流素材。不论是商业性质的沟通，还是社交性质的交流，任何人都希望参与一场充满兴趣的谈话，也希望能够从沟通中得到物质或者精神上的收益，这就取决于你是否展示出了卖点。

以汽车广告为例，奔驰将"最尊贵"当成卖点，让购买者将自己定位为尊贵者，以此来勾起他们的购买欲望；宝马则将"驾驶体验"视为卖点，让购买者产生体验驾驶的冲动；沃尔沃将"最安全"当成卖点，从生命安全的角度打动了消费者。

把产品包装为"奇货"，应当注意以下三方面。

第一，销售员应当让奇货满足客户的需求，这样才能最大化地激发他们购买的动力。

美国有一个叫作施丽兹的啤酒品牌，在20世纪20年代和十几个品牌竞争，业绩并不突出，在市场竞争中位列第8。当时很多啤酒的宣传语都是"我们的啤酒最纯"，却没有对消费者解释什么是"纯"。后来，施丽兹啤酒聘请了一个市场营销顾问，到酿制厂实地考察，得知施丽兹是从百尺深的自流井中取水酿酒，还开发出了最好的酵母，口感非常不错。于是，营销顾问对施丽兹的管理层说，应当将这些独特的酿制方法告知给顾客，然而施丽兹的管理层却认为别的对手也是这么做为何要特意宣传？营销顾问说，现在行业内没有人这样表达过，而第一个说出故事的啤酒品牌才能打动消费者。于是，施丽兹采纳了营销顾问的意见，在宣传中解释了"纯"的真正含义，将这个被同行忽视的重点转变为自己的卖点，仅用了半年时间就从排名第8位升到排名第1位。

第二，销售员要对客户准确地分析卖点，这样才能通过对方的"理性检测"。

客户是否愿意成交无非取决于两个原因：一个是销售员的表达是否充满感染力，另一个就是商品或者服务是否具有竞争力。只有做好这两项基本功，才能在沟通中巧妙包装卖点，为你建立信息传递优势。如果你觉得自己不擅长寻找卖点，那就在每次开口前先在脑子里演练一遍，看看客户是否能够被你"套路"，如果感觉希望不大，那就要尝试换一种表达方式。比如，如果你是一个出售小家电的经销商，将你的产品卖点定为"性价比高"，那么面对客户时可以这样说："我们卖同样的设备，价格便宜三分之一。"再比如，你是生产小家电的企业，"品质"是你们的卖点，可以在和客户沟通时强调"我们的小家电一年只生产1000台，其中500台发往欧洲，200台出口到日本，剩下的300台留在国内。"这样就从两个角度包装了卖点：我们具备了出口能力；我们的产品在国内存量极少。这样的表达方式，能够最大限度引起客户的合作兴趣。

第三，销售员要在沟通中不断强化卖点，让客户认为"奇货可居"，这样才能提高客户对它的兴趣。

打个比方，你要为一家健身馆做推销，某个公司想为员工批量办理会员卡作为福利，当你向对方介绍你的卖点——"提供针对上班族的特定健身计划和场地"之后，还可以继续强化它："除此之外，我们还可以为贵公司提供健身食谱，完全针对你们的工作节奏和工作性质，这样能够增强健身效果，让你们的员工对公司的黏着度更高。"这样的表达，就会让客户坚定交易的决心。

需要注意的是，销售员在向客户推荐时要量力而行，也就是说不能为了包装出奇货而夸大其词，这样从本质上看是欺骗对方，正如营销界中的那句话："你不可能讨每一个人的欢心，你的产品或服务不能适用于每一个人。"销售员强调的卖点应当是客观存在的，它所缺少的只是被发现的眼睛，并非是把烂货吹嘘成高档货。

有一家百货商场开发了一个卖点，叫作"假日特卖会"，在各大媒体进行了宣传，告诉消费者商场在搞降价和促销，让顾客可以通过电话订货的形式便捷购物，然而当客户真的打进电话时，客服人员却无法回答大家提出的问题，结果客户被激怒，这次营销也宣告失败。原来，该商场只是打出了噱头，并没有完善线上订购渠道，捏造了一个虚假卖点。

平心而论，这个世界上称得上奇货的商品并不算多，但是质量过硬的商品为数不少，只是它们对非目标人群来说没有那么闪光而已，所以一个成功的销售员应当寻找购买商品后获得最大收益的客户群体，这样一来，即便不是奇货也具有了奇货的基本特征，而这也是销售员抓取客户购物冲动的关键所在。

3.向客户展示你的专业度

　　营销中缺少吸引力，就像一幅画作缺少了色彩，当然，想要让客户对你推荐的产品发生兴趣就要花费心思，尤其是客户对产品完全陌生的时候，你就要像产品经理那样用专业的知识向客户推荐。由于面对的是外行，所以我们要在营销中增加吸引力，让客户乐于倾听并参与到讨论当中。

　　心理学有一个"权威效应"现象，它是指权威能够产生强大的力量从而影响人们的行为，哪怕是具有独立思考能力的成年人也会做出一些丧失理智的事情。

　　一个国外心理学研究组织专门做了一项测试，冒充医学教授给一个医院的护士发布了指令，内容是向病人注射非正常用量的药物，虽然，护士们对这些指令产生了怀疑，因为药物用量会对病人产生危害，处方通过电话通知违背了医院的规定，而且护士们并没有见过医生……但是让研究小组震惊的是，尽管疑点重重，最后还是有95%的护士下定决心给病人用药。

　　如果把"权威效应"运用到营销上，把销售员打造成一位资深的产品经理，那么就会让客户本能地对你产生信服和顺从的心态，从而减少营销的压力。那么，作为一个产品经理，应当具备哪些能力呢？

● 产品经理能够从共同点切入

越是学问高深的人，越懂得深入浅出的道理，只有半懂不懂的人才会故作高深。有一个做石油生意的人，想要拉拢一个潜在客户，先是找到了中间人，希望对方帮忙介绍一下，中间人为了稳妥起见就和生意人聊起来，谈着谈着就涉及了专业问题——石油。眼看着中间人对交流的兴趣一点点下降，生意人灵机一动，给对方看了一篇有关页岩气的科普文章，因为对方之前没有接触过这类知识，觉得既有意思又很专业，于是生意人就以页岩气为切入点，从沙特阿拉伯聊起谈到了中间人从事的风险投资行业，最后谈到了页岩气的市场竞争力……通过共同点作为切入，中间人对石油能源产生了兴趣，而且他十分欣赏生意人通俗易懂的分析，最后为对方介绍一大批客户。

● 产品经理具有直观描述的能力

广告界流传一句话："如果你想勾起对方吃牛排的欲望，将牛排放到他的面前虽然有效，但更有效的方法是让他听到煎牛排的吱吱声，这是让对方无法抗拒的声音，会不由自主地吞咽口水。"对外行人来说，受制于知识、认知和经验等障碍，很多问题都比较抽象，所以当销售员采用形象说明的方式去推销时，会显得他更符合产品经理的身份，容易打动客户。

国外有一对夫妻住着一套两居室的住宅，但是他们嫌房子太小，打算换一间更大的。这对夫妻找到了房产经纪公司帮忙，经纪马上登了广告：漂亮二居室住宅，有壁炉、车库、瓷砖浴室、冷气设备，离学校、体育场、高尔夫球场很近。然而登出三个月竟然无人问津，于是这对夫妻亲自撰写了广告："我们住得十分快乐，不过两个卧室不够用，只好搬家，如果你喜欢坐在炉边看窗外的秋景，如果你喜欢拥有遮阳的庭院，如果你愿意听到夏天的蝉鸣……这些都能享受到，这里不仅有田园的宁静还有现代城市的便利。"广告登出后有很多人看房，最后顺利成交。

房产经纪登出的广告虽然描述了客观事实，但是"参数感"过于明显，很难打动客户，更无法让购房者体验购房之后的好处，而这对夫妻撰写的广告，形象生动的语言描述出住宅的美丽和便利，体现出产品经理对客户潜在需求的挖掘能力。

● 产品经理都是会讲故事的人

用讲故事的方式做营销是如今最流行的方式，它能够让原本枯燥的信息变得趣味十足，让客户对你推荐的产品发生浓厚的兴趣，当然你所讲的故事一定要新奇别致，这样才能在对方心中留下深刻的印象，正如商界中流传一句话："成功的营销从讲故事开始。"成功的产品经理都会讲故事。

瑞肯公司是德国著名的空气净化器企业。一天，公司的创始人冯·布劳恩在公园散步，无意中看到一对情侣吵架，布劳恩就好奇地在旁边看着，忽然想出了三个问题：这对情侣为何吵架？他们能不能和好？是男的主动求和还是女的主动求和？后来，布劳恩知道了他们吵架的原因：女孩喜欢一种红色的花却对这种花过敏，男孩担心女孩的健康拒绝把花带回去。布劳恩认为自己的后两个问题经不起推敲，因为他们是互相喜欢的，于是决定帮助这对情侣。布劳恩给了男孩一张名片，让他到瑞肯集团免费领一台空气净化器。由于当时净化器并没有普及，男孩有些犹豫，然而在领走净化器之后，他发现女孩对花粉不过敏了。后来，这个颇具浪漫色彩的故事传遍了全德国，不少人都开始关注空气净化器，这就是故事带有的强大感染力和传播性。

● 产品经理都擅长举例说明

有研究显示：用十倍的案例证明一个事实比用十倍的道理证明一个事实更有效，特别是面对外行时更能让对方感同身受。如果你是一个健身馆的推销员，怎么样让客户办理健身卡呢？靠吹嘘你们的健身教练和健身器材？显然这些都不是一个产品经理讲述的重点，重点应当是让客户产生共情心理，比如可以这样向对方介绍："先生，随着年龄的增长，人的体形都会越来越差，健康也不如从前，为了避免衰老，就要好好锻炼肌肉，塑造良好的体形，如果现在不抓紧，再过了五年十年就什么都晚了。据我观察，您现在的身体已经处于亚健康状态了，长期下去会影响到您的正常工作，收入也会减少，所以找一个专业的健身馆能够帮助您强身健体，等于间接帮您赚钱。"用这样的话说服客户，没有直接夸耀健身馆如何如何，而是列举了不锻炼身体可能产生的种种负面影响，从侧面显出了作为产品经理的专业知识，又能让客户心甘情愿地接受，效果更好。

● 产品经理能够锁定目标客户

好的销售员不是能把东西卖给所有人，而是知道谁是最合适的买家，这就需要多多思考这些问题：我推销的产品到底有什么与众不同之处？它能够抓取哪些客户的心？

有一家生产传真机的公司刚推出一批传真机，虽然产品优势明显却一直没有打开市场，因为传真机价格昂贵，售价在五六万，导致买家很少。为此，传真机公司邀请了一位专业的推销员构思推销策略。经过研究，推销员发现这款传真机具有三个重要特征：速递式、跨距离、能传送数据和文字，而这些优点是当时市场上所有通信工具都不能同时具备的，因此推销员认为必须找到需要这三种功能的目标客户。经过考察，推销员找到了一家石油公司，他们在太平洋拥有不少钻井平台，每天要派直升机负责采集相关数据，再将数据传递到总部，最后由专家对数据进行分析。推销员向客户介绍说，传真机完全可以取代直升机，将数据从钻井平台传输到海岸和总部，而且成本会大大降低。在推销员的推荐下，石油公司马上购买了1000台传真机。

当一个销售员把自己放在产品经理的位置上时，就会以权威的姿态在营销中构建吸引力，让客户认为你推荐的产品是经过理性论证之后的最佳选择，而且会因为你形象生动的描述唤起购物的冲动，并且感受到一个专业人士打破知识壁垒、向外行科普知识的诚意，客户自然愿意听从你的引导，而这正是一位产品经理的职业效能和人格魅力所在。

4. 对客户说 "我也喜欢"

心理学上有一个名词叫"相似吸引",是指人与人因阅历、爱好、生活方式等方面有共同之处而相互吸引的心理现象。事实的确如此,我们总是愿意和自己三观相近的人交往,也更容易信任对方,所以中国有一句老话叫作"投其所好"——只要找到对方的兴趣点,就容易拉近关系。同样,一个销售员如果和客户在某些兴趣上接近,自然就容易说服对方购买产品。

如果随机提问一个销售员:和客户聊天的目的是什么呢?估计会有一部分人回答"卖产品",那么如果换一个问题:"和陌生人聊天的目的是什么呢?"也许有销售员会回答:"找出共同点。"如果将两个问题合二为一:"和陌生的客户聊天的目的是什么呢?"那么答案就是:"先找出共同点,然后卖产品。"

世界知名的推销训练大师汤姆·霍普金斯,曾经推出了一个简单易用的公式,叫作"NEADS"。在这个公式里,"N"代表现状,"E"代表享受和喜欢,"A"代表更改意愿,"D"是决策者,"S"是解决方案。我们所说的找到共同的兴趣点就是锁定在"E"上面。打个比方，当我们和一个不熟悉的客户初步建立信任感之后，我们可以问对方："您现在从事什么工作？"那么，无论对方回答何种职业，我们都可以表达出"我也喜欢"这个信息。有人说这不是蒙人吗？当然不是，举个例子，如果对方的职业是老师，即使你没有当过老师，身边总会有人当过老师，或者你可以谈论上学时喜欢过的某位老师……总之，你有一万种办法对客户表达"我也喜欢老师"这个信息，这样一来，客户的"E"被你搞定了，你就可以深入到"N"，谈客户的现状，在现状中寻找和产品有关的信息，那么接下来就容易解决"A""S"等问题了。由此可以看出，以"E"为切入，更容易打开和客户的沟通。

很多销售员在推销时口若悬河，其实啰啰唆唆一堆并不能抓住客户感兴趣的话题，造成这种现象有三种可能：一个是情商较低，一个是表达能力有问题，还有一个就是逻辑思维出了问题。因为无法找准客户的兴趣所在，你所说的话就会让人觉得枯燥乏味。销售员和客户沟通时，只有快速准确地抓住对方的兴趣点，才能保持谈话流畅推进，抓住客户的兴趣点就是抓住了客户的钱。

比如，你向客户介绍你们开发的一个社交软件时，你要表达的重点就是这个社交软件的特殊功能，怎么阐述这个重点呢？要从对方的兴趣入手，如果你面对的客户年龄不大，很可能是喜欢上网聊天的年龄段，那么不妨以客户特定的兴趣作为切入："听说您很喜欢模型玩具是吧？我也很喜欢。"客户一听自然就有了兴趣，那么你就可以接着说："我们这款社交软件，能够帮助用户寻找相同爱好的网友，而且不是通过对方的个性标签，而是通过对方发布的文字和图片等，定位非常精准。"这样的推销方式，就会引起客户的兴趣，接下来的话就好谈了。

当然，抓住客户的兴趣只是营销的开始，还要通过客户的兴趣点深入话题，让对方认识到你的产品的实用性，比如，你推销的聊天软件具有寻找同好的功能，这只是引起客户关注的第一步，你还要让对方明白"寻找同好"这一功能的竞争优势："我们这款软件具有很强大的模糊搜索功能，和其他产品相比优势明显，我想您一定希望结识更多的模型发烧友吧？其实我也喜欢这种生活方式，所以才斗胆自夸的。"通过进一步涉及客户的兴趣点，对方对软件的关注度会进一步加强，交易的成功率就提高了。

从另一个角度看，抓住客户兴趣的核心是让对方知道你们有着相同的诉求，因为"我也喜欢"这四个字，让客户在无形中降低了警戒心。

有一个大学生去某公司应聘客户经理，发现很多应聘者在学历上、工作经验上都超过自己，他的胜算不大，这时他无意中听到客户经理经常要参加应酬，于是计上心来。轮到这位大学生面试时，他向面试官巧妙地暗示自己"也喜欢喝酒"，一下子引起了对方的关注，因为他的这个特长正符合公司对客户经理的潜在需求，最后被录用了。

虽然"有酒量"这个特长并不值得大家学习，但这种揣摩对方兴趣点的表达方式值得借鉴。很多销售员喜欢在客户面前夸夸其谈，谈到产品获得了多少证书、有多少明星代言，却没有抓住客户对产品的兴趣点在哪里，更没有对客户说"我也喜欢"，于是就变成了自说自话，客户听得索然无味。因为，没有人会买让自己不感兴趣的产品，销售员面对客户时，必须利用这种心理将"对方的兴趣"和"你的兴趣"合二为一，才能增强说服力和亲近感。

虽然抓住兴趣是谈话的关键，但很多时候我们并不能完全了解对方，尤其是面对陌生的客户时，这就需要你随时注意观察客户的表情并认真分析，判断对方是高兴还是愤怒。

有一位推销员拜访客户时，对自己推销的产品进行了简单的介绍，让客户有了初步的了解，然而对方却没有表现出特别的兴趣，因为他视线不集中，这个推销员马上意识到自己展开的话题对方不感兴趣。这时，推销员发现客户的办公桌上摆放着一本《国富论》，意识到客户应该对这本书很感兴趣，于是问客户："原来您喜欢《国富论》啊，我也喜欢，我特别想听听您对亚当·斯密的评价。"客户顿时被激发起了兴趣："我是从大学时代就开始看《国富论》的，对他的一些见解很赞同，尤其是他对未来市场经济的某些预言十分准确。"推销员马上从《国富论》聊到了市场经济，最后转移到了产品本身，打开了客户的心扉，产品也卖出去了。

一本书和一个产品或许没有直接联系，但是推销员通过"我也喜欢"让客户找到了他们之间的相同兴趣点，借由这个兴趣点做文章转到了产品之上，推销效果就会大幅度增强。

从认知心理学的角度看，人们习惯于以自我为中心思考，所以只有在谈论自己感兴趣的话题时才会投入最高的热情。作为销售员要学会将心比心，要让客户的注意力和好奇心被充分调动起来，这样就能在短时间内拉近彼此的距离，消除心理隔阂，以对方的兴趣为切入点，就能让谈话变得更有趣，产品也会变得更具有卖点。

5.多跟客户谈熟人熟事

当今社会是一个追求个性化的社会，所以几乎每个人都恐惧"撞衫""撞脸"，因为这会抹杀人们的与众不同，而一旦"泯然众人"，往往就意味着你缺乏核心价值。同样，在营销界也追求差异化营销，每个品牌都努力在市场竞争中标榜自我，从而展示出和竞品的差别，所以差异化营销是一种立足于现实的经营策略，但是对销售员来说，如果对客户表现出了"新、奇、特"的个性特征，反而会让对方疏远你，因为人们在面对熟人熟事的时候才有安全感，这就需要销售员和客户通过某个点建立"似曾相识"的联系。

一个很有意思的理论叫作"六度分隔"，该理论认为，世界上任何两个人只要通过六个中间关系就能够认识，也就是说地球上的所有人都从属于一个很小的朋友圈当中，虽然这个理论很难被完全证实，但是对生活在一个国家、一座城市里的人来说，想要找到熟悉的人或者事还是很容易的，而这些就是营销话术的切入点。

　　爱因斯坦是20世纪最有影响力的科学家之一，在他功成名就之后，只要出现在公众场合，就会有人走过来赞美他是多么伟大、对人类贡献多大，然而爱因斯坦已经听腻了这种空洞的褒扬之词，因此每次都是无动于衷，也不愿意和对方多说话。有一次，一位商人在聚会上巧遇爱因斯坦，商人开口说："尊敬的爱因斯坦先生，听说您的小提琴演奏得非常好，有机会去拜访您时，能否听您演奏一曲？"爱因斯坦听了以后十分高兴，真诚地邀请这位商人去家里做客。商人之所以能够打动爱因斯坦，在于他找到了对方感兴趣的话题——小提琴，这是爱因斯坦一生痴迷的爱好，也是他感兴趣、熟悉的话题，相比之下，"人类最伟大的科学家"这种话题显得空洞且陌生，只能引起爱因斯坦的反感。

　　有人说现在生意难做，其实商机一直都存在，即便是在经济大萧条的时候，还存在着一个"口红效应"（经济不景气的时候，人们对低价产品的偏爱趋势），所以问题的关键在于你是否让客户对你足够信任。换个角度看，要把客户拉到你的身边，就要让你具有吸引他们的地方。那么，如何在短短的十几分钟或者几分钟内拉近距离呢？答案就是不断寻找共同点，共同点越多，越容易培养好感度，这需要掌握四方面的技巧。

第一，多找和对方的交集。

这个交集范围很广，可以是同乡，也可以是同行或者接近的生活圈子，这需要你认真观察和倾听，比如客户的口音，客户曾经从事的行业以及现在的业余爱好，等等，这样就让你们在无形中打消了社交壁垒，让对方觉得你是自己人，那么接下来的营销话术就很容易展开了。比如，你可以从一个共同使用的手机品牌作为切入点，谈一谈使用心得，客户也愿意多说一些自己熟悉的事情，这样聊着聊着你就可以借题发挥，转移到你要营销的话题上，这种自然过渡的方式不会让客户感到生硬。

需要注意的是，如果你无法直接和客户建立交集关系，那么也可以通过间接的方式来建立，比如，客户曾经从事过建筑行业，你的同学也在这一行干过，就可以简单谈谈你的同学，一样可以找到信息重叠的部分，唤起对方的共鸣。其实找交集并不难，只是需要思维相对活跃和开阔一些。

第二，多谈对方了解的事情。

有些销售员在选择话题时会陷入误区：认为自己熟悉和喜欢的事情，客户也会了解，其实这是心理学上的"投射"现象：个体因自己身上存在某些心理行为特征而推测他人身上也同样存在。即便是身边熟悉的同事、同学和朋友，也会因为工龄、专业、分工等因素存在着不同的知识储备，如果只谈自己感兴趣的事情，就会偏离营销主题。

如果你是一个金融项目的销售员，想要和客户推荐投资项目，对方并不了解金融行业的特点，你就要合理构建沟通基础。你可以从基金理财、股票经济和宏观调控谈起，最后落到和客户有关的实际生活方面，比如炒股、购买保险、经济收入变化，等等，以此来动员对方参与项目的热情，这就是一个兴趣迁移的过程，否则对方就会像听财经新闻一样枯燥无味。简而言之，要让客户觉得你谈论的话题和他的生活有密切联系，才能保持话题的热度。

第三，减少线性对话。

所谓"线性对话"就是顺着一个话题无意义延伸的沟通模式。比如，你与客户第一次见面，你想了解对方的某些情况从而寻找熟悉的话题，于是就问对方年纪多大，接着又问籍贯是哪里，随后又问家庭状况，等等，这些话题既不礼貌也无意义，不能给你带来任何业绩，得到的只是被动的回答，让客户感觉到在被你审问，因此我们要采取"非线性对话"，也就是采用跳跃性的思维和对方沟通，不断创造新话题或者用新的角度看老话题。比如你问客户："请问您有什么爱好？"客户回答："偶尔喜欢打保龄球。"你说："巧了，我也喜欢打保龄球，看来您喜欢时尚休闲的生活，怪不得您要牵头做这个项目。"客户回答："过奖啦，我就是对这个度假村很感兴趣，业余时间也做了不少功课。"这样的跳跃式沟通，不仅能够找到共同话题，还能将其他内容有机地黏合在一起，构成了多条线性话题同时延伸的沟通模式，让沟通对象保持着足够的热情，也能优化沟通氛围。

第四，切勿触碰雷区。

常言道：见什么人说什么话，其实就是暗示我们要在聊天时保持和对方接近的观点，至少不能太过冲突，因为一旦观点对立，会让你们之间的关系变得有距离感。当然，我们在建立这种话题之前，往往并不知道客户的观点是什么，这就需要我们具备引导话题和优化话题的能力，要让话题充满开放性，不要在陈述观点时过早下结论，不然对方有观点也无法表达。比如，你和客户谈论出国教育时，一开场就说："澳大利亚不适合中国人深造。"这就堵死了对方畅所欲言的通道，正确的表达方式应该是："澳大利亚确实有很多高校，不知道你有什么看法？"只有采用这样的方式才能激发对方的沟通热情，你就可以从这个话题深入你要推荐的早期教育项目中。换句话说，谈论熟悉的话题就是要让彼此的观点保持在一种平衡状态，让双方都有表达观点的机会和话语权，不能为了蒙蔽客户吹嘘自己了解的内容，让客户处于"被牵着鼻子走"的状态。

多跟客户谈熟人熟事，就是在一个共同话题的基础上接近你的预期目标，但这并不意味着要局限在某一个话题里，而是要保持着共同的关注热点，让你的沟通思维充分活跃起来，让对方不会感觉你要表达的内容是生硬无趣的。即便沟通的场合比较正式，我们也尽量避免机械式的一问一答，要学会在交流中抽取关键词，给予对方参与讨论的空间，只有客户的思路始终处于开放状态，才更愿意接受你的营销建议。

第六章
解析读心术
——离对方的心越近，
离失败就越远

　　知己知彼，百战不殆。在销售中，免不了遇到各种各样的客户，想要拿下单子，只有先了解客户，找到客户的心理需求。客户一伸手，你就知道他要拿什么，客户一张口，你就知道他要说什么，还有谈不下的订单吗？

1. "上帝"在想什么？

很多销售员会把"客户是上帝"挂在嘴边，那么"上帝"到底在想什么呢？有人认为这恐怕需要读心术来获取答案，其实想获得答案并不难，我们只需要搞清楚人们购买一件产品或者服务的两大需求：现实需求和潜在需求。

现实需求很好分析，客户想要购买一部手机，无非是想满足打电话、上网等功能，那么潜在需求是什么？保持和社会的联络，保持和各种人脉关系的互动并能够展示存在感，替换一个专业的名词就是"重新获得控制感"。

重新获得控制感，是潜藏在人们内心深处的一种欲望。正如有些人因为心情不好而通过购物发泄情绪一样，获得控制感能够弥补在现实生活中某些意愿不能达成的缺憾。美国密歇根大学经过研究发现，人们会通过购物进行自我调节和释放压力，从而达到治愈心灵的目的，虽然这不是一种专业的心理治疗手段，但是对多数人来说总会有一些作用，所以也被称为"零售疗法"。

既然潜在原因搞清了，那么作为销售员就应当指向客户的这种隐藏需求，这样才能凸显你和其他销售员的区别，才会被客户认为是真正了解他们的人。

战国时期，鲁国有两户人家，每家都有两个公子，其中一家的公子，一个学礼，去齐国当官，另一个学法，去楚国当官，结果都功成名就。另外一家的公子，一个学礼，去秦国当官，另一个学法，去韩国当官，结果都遭遇杀身之祸。

如果把这两户人家当成是推销自我的销售员，那么他们为何会有如此大的差别呢？这是因为齐国以礼治邦，楚国以法立国，两国需要的是能够延续治国安邦理念的人，这是现实需求，那么潜在需求又是什么呢？战国时期交战不断，认同自己治国理念的人越多，就越容易孤立其他敌对国家，这就获得了一种控制感，所以两位去齐国和楚国的公子就能够被"客户"接受。再来看秦国和韩国，一个以法家思想立国，学法才有用武之地，一个相对弱小，只有学礼才能出人头地，然而后两位公子把顺序弄反了，既不能满足两国的现实需求，也无法满足他们的潜在需求——通过招纳志同道合者扩大思想控制的范围，结果当然凄惨。

不知道上帝想什么，最终会被"上帝"抛弃。

当销售员面对客户时，既要关注对方的现实需求，同时也不能忽视对方的潜在需求，这样才能让"上帝"满意。如果你是一个电视机推销员，面对客户该怎么推销呢？如果直接介绍你的电视有多好，这仅仅是满足了对方的现实需求，所以还应当关注对方的潜在需求——"这台电视能不能跟上时代变化的潮流，我不想频繁更换电视，因为这可能会影响到家具的布局、墙体的完整和光洁以及整个房间的色彩搭配……"这些正是客户对家电的规划和掌控需求，所以，作为销售员应当这样向客户介绍："我们这款电视可以实时升级固件，通过软件的更新弥补硬件的更换，而且购买之后还会赠送VIP会员，能够收看最新的院线电影。"这样一来，客户的两大需求都得到了满足，他们的购买意愿就被强化了。

百事可乐虽然晚于可口可乐诞生，却在短时间内成为与之比肩的饮料品牌，这得益于它关注了客户的潜在需求。在20世纪60年代，百事可乐想要跳出和可口可乐的同质化竞争，于是打破传统营销思维，树起了一杆营销大旗——"新一代的可乐"，然后让世界著名的影视明星做代言，成功地发掘了当时年轻一代的潜在需求：他们希望通过一款饮料扮酷，进行个性化的消费并标榜自我。由于百事可乐揣摩到了受众群体的内心世界，很快扩大了市场份额。

当销售员满足了客户的两大需求时，就容易和对方建立稳定、深度的联系。日本的日清系列方便面，曾经也像百事可乐那样面临着严酷的竞争形势，为了让产品破局，日清公司在1993年发起了一场运动并打出了响亮的广告词："饿了吗？请用杯面——日清制造！"紧接着，日清公司用款式新颖的"杯面"造型对消费者大肆宣传，打破了传统方便面的形象，满足了客户既需要果腹又能够吃出新意的需求，成功阻击了同类竞品，最终斩获了不俗的销售业绩。

再举一个例子，如今智能手机十分普及，不过还是有一部分老人对其排斥，坚持使用上一代的功能机，因为他们觉得智能机也就是打打电话，没必要花费那么多钱。然而，正是在这种观念的阻碍下，有一位销售员成功说服了老人购买智能机，他是怎么做到的呢？原来，这位销售员和老人聊天的时候得知，他在业余时间会参加退休老人的民乐队，开始队友们都是电话联系，后来组建了"民乐爱好者"的微信群，有活动消息都通过微信传播，而这位老人没有智能机只能被口头通知。于是，销售员这样劝说老人："您看大家都已经退休了，腿脚没年轻时候那么利索了，虽然通知您也方便，但是天长日久的还是给别人添麻烦，再说你们还会拍照留念，没有智能机就没办法和大家分享，时间长了容易被老哥几个孤立啊。"老人听到这里顿时被说动了，最终将功能机换成了智能机，这就是抓住了老人渴望社交的潜在需求的成功营销案例。

现实需求很容易被获知，那么客户的潜在需求如何去挖掘呢？很简单，主动、积极地倾听客户的描述，就像那位卖智能手机的销售员一样，多和老人沟通，就能了解对方当前的生活状态，就有机会从中找出困扰对方的核心问题，这个方法听起来有些老套却是最有效的。

总而言之，一个销售员只有从客户的处境思考，代入客户的产品应用场景，才能从中发现有价值的信息并找出解决方案。其实，了解"上帝"想什么的诀窍就在"用心"二字上，因为需求决定一切，只有准确摸清客户的心理动态，才能在营销中直击要害，让客户心甘情愿地接受你的推荐。

2. 消费的最高境界是花钱买快乐

我们经常听见一句话叫："花钱就是买快乐。"作为销售员应当吃透这句话的具体含义：客户买产品不仅仅是为了满足工作或者生活中的某些现实需求，还可能是为了满足某种心理需求，比如虚荣心。对销售员来说，不仅要卖给客户让其开心的东西，也要在整个销售的过程中给予对方精神上的愉悦，这才是消费的最高境界，也是销售员的成功之道。

既然客户不愿意花钱买气受，那么销售员就要始终关注在这个点上，做到善解人意，学会换位思考，时时刻刻让客户笑口常开，甚至要给予客户一定的幸福感。换个角度看，客户如果在和你的交流中收获一份好心情，自然会对你产生良好的印象，反之则是负面印象，这将关乎销售员的最终业绩。

那么，如何才能让客户达到花钱买快乐的目的呢？关键在于销售员是否会说话，是否能够体会到客户的喜怒哀乐。归纳起来，有六方面需要注意。

第一，要尽可能地肯定客户。

肯定不是简单的赞美，而是对客户表示某方面的认同，这个可以是社会地位上的，也可以是人格品行上的，还可以是消费理念上的，肯定比赞美要好很多，因为这事关客户对自己的评价，而赞美只是一种强化而非认同。进一步说，你要让自己推荐的产品变成对客户的某种肯定，比如，你推荐一款越野车时肯定了客户的冒险精神，你推荐的浴室用品肯定了客户的生活品位……一旦对方得到了肯定，自然会内心喜悦。

第二，要推荐给客户相匹配的产品。

既然是"相匹配"，那就不能太脱离现实，起码要让客户有真实感，比如，你推荐的护肤品明明只适合干性皮肤的女性，却非说适合一个油性皮肤的女性，这样不匹配的推荐很难得到对方的认同，快乐的点对方get不到，当然就不愿意付钱。正如俗话所说：宝剑配英雄，红粉赠佳人。个性活泼的女性就推荐给她风格张扬的衣服，生性内敛的男性就推荐给他造型沉稳的皮包……只要你用心琢磨客户，总会找到适合对方的产品。

第三，要告诉客户购买之后会很快乐。

有些产品不是现场就能进行使用体验的，所以客户心中存在着不确定性，这时作为销售员就应当告知对方：购买这件产品你会变得更加快乐。只有这样，才能让客户通过想象提前享受到幸福感，才会坚定购买的决心。比如，一个太太为丈夫选购男用香水，她无法预判丈夫收到礼物后的反应，这就需要你利用话术发挥作用："我有个朋友也使用这种牌子的香水，也是太太送给他的，后来他一闻到这种香气就会想起对方，我觉得您丈夫也会收获这份幸福。"通过这样的描述，客户自然会心情舒爽，认为钱没有白花，因为她体验到了购物之后的快乐和满足。

第四，要强调产品的与众不同。

有一种快乐叫作：别人没有我有。这是一种自私心态的体现，但也是人之常情。作为销售员要学会利用人性的这一弱点，让客户认为自己买到了别人无法拥有的产品，即便客户并不是很需要，也会因为能够独自占有而开心，所以在推销时可以多强调一下"这款是限量版""已经是最后一件了，以后也不再出了……"之类的话，客户听到这种说辞往往没有精力去分辨真假，而是沉浸在购买商品之后对他人炫耀的快乐想象中，营销的成功率就提高了。

第五，要为客户制造一些"小意外"。

生活中存在这样的情景：在一次聚会上，一群人突然齐声为某人唱生日歌，而寿星毫不知情，由此被感动得热泪盈眶……这就是利用信息不对称制造的惊喜，也是快乐的最高阶段。如果销售员能够为客户带来这种情绪体验，客户会不愿意掏钱吗？要想达到这个目的，销售员可以在售前和售后两个环节中入手。

售前，就是在和客户的沟通中，突然告诉对方能够获得某件赠品，让客户感觉到意外，为了增强真实效果，你可以假装接了一个电话然后对客户说："我们经理说了，今天购买的客户可以得到一份限量的赠品，因为数量太少，我给您预留了。"这样一来，客户为了守住这份突如其来的快乐就会尽快完成交易。

售后，就是在和客户完成交易之后，在客户过生日时发送信息祝福并告知对方获得了一个优惠折扣，如果是大客户也可以送去一份精致的礼品，这些都有助于和客户建立长期的合作关系，还能通过对方获得更多的客户资源，可谓投入微小、产出巨大。

第六，让销售过程充满乐趣。

这个招数不是针对销售员的话术，而是针对销售环境和沟通氛围的，比如装修风格另类的展厅、造型独特的柜台以及打扮成各种卡通形象的导购人员，等等，总之需要有让客户眼前一亮的东西，让他们享受到从未体验的一种快感，只有当他们的情绪处于亢奋状态时，才容易接受你的销售建议，付钱无非是时间问题罢了。

无论客户的消费能力有多大差别，他们都希望花钱购买的东西"物超所值"，这个"物"并非局限于实际存在的物品，还包含了你给予客户的尊重、认同、虚荣心满足以及快乐等多种情绪体验，而这些恰恰又是钱难以买到的。掌握了客户的这种心态，我们就知道将话题引入哪个方向并让客户"深有体会"。

每个销售员都想和客户建立长久稳定的关系，但这不是一个通过套近乎就能完成的工作，需要你为客户提供他们最想要的东西——快乐。当客户通过购物买到快乐时，这种快乐会让对方上瘾，会不由自主地想再次和你进行交易，甚至还会向身边的人推荐你，一旦营造出这种深度联系，你还发愁没有业绩吗？

3. 倾听客户的弦外之音

常言道：锣鼓听声，说话听音。销售员和客户在沟通中，有时会遇到对方不喜欢直言不讳，而是更喜欢用隐晦的方式和你交流的情况，另外也有一些客户的需求是隐性的，连他自己都没有意识到……种种原因导致销售员需要仔细分辨客户的弦外之音，这样才能维持沟通的持续性并创造融洽的交谈氛围。如果一个销售员不能准确判断客户的真实想法，就无法打动对方，更不可能成功推荐产品和服务。

在和客户的沟通中，最重要的一环是先了解对方，特别是面对从未接触过的客户，只有先学会倾听他们的真实想法才能建立足够的信任感，否则双方不在一个频率上，任凭你说得天花乱坠客户也不会买账。

从前，一个小国向中国进贡了三个一模一样的金人，皇帝十分高兴，然而小国的使臣却提了一个问题：三个金人哪个最有价值？皇帝找来珠宝匠检查，发现三个金人无论是做工还是重量都一样，根本无法分辨差别。小国使臣十分得意，最后一位老臣站出来，拿着一根稻草插入第一个金人的耳朵里，结果稻草从另一个耳朵里伸出来。随后老臣又用稻草插入第二个金人的耳朵，稻草直接从嘴里掉出来。当老臣拿着稻草插进第三个金人的耳朵后，稻草掉进了肚子里。老臣告诉小国使臣：第三个金人最有价值。这个故事说明，能够捕捉别人的话并不动声色地思考，才是最有价值的人。

有一句话叫作："沟通首先是倾听的艺术。"和客户沟通的时候，销售员的倾听能力从某种程度上比表达能力更重要，因为只有你擅长倾听，才能从客户口中获得信息并进行判断，也只有认真聆听，才能探知到客户的真实需求。有效而准确的倾听，直接决定着销售员的业绩和口碑。

虽然倾听的方法听起来有些老套，却是最有效的辅助营销手段。面对客户时，我们应当多和他们沟通，或者留意他们和别人的沟通，一旦发现有价值的信息要记在脑子里，保留相关疑问并尽量找出答案。需要注意的是，倾听客户要分为"表层"和"深层"两个维度，所谓表层就是明面上能听出来的客户的需求，深层就是客户的潜在需求。

打个比方，当客户对你抱怨某一种产品不够好的时候，你千万不要认为这个客户很难伺候就敬而远之，实际上这意味着你的机会来了，因为客户的弦外之音是：如果有哪一种产品比我吐槽的这款产品更好的话，我一定会选择！这时，如果销售员将这个有价值的信息提炼出来并找出解决案，那么成交的概率就提升了。

优秀的销售员，几乎都是善于读取客户弦外之音的高手，所以他们的业绩会超过普通的销售员。

一个广告公司的业务员接待了一位客户，对方想要做一本杂志放在医院大厅里，却因为缺乏刊例号无法发行，业务员耐心地听着客户讲述他们刊物的创作团队、采访资源等竞争优势，最后业务员说："你们这些资源我们暂时用不到，不过我们可以帮助你在医院大厅做广告，价格是……"客户认为价钱合适，于是签了合同。这次谈判之所以如此顺利，是因为业务员听懂了客户的弦外之音——想要拉广告，这和广告公司开拓业务的需求不谋而合，于是才将沟通的关键词锁定在"如何收费"上，客户一听就知道对方明白了自己的意图，自然就快速地达成一致。

在和客户沟通时，销售员会经常听到以下几种谈话。

客户甲："我不觉得这个价位是亲民的。"听到这种话时，销售员千万不要认为没戏了，因为客户的潜在意思是："你需要向我证明这个产品是物超所值，否则我是不会买的。"为了给客户解疑，销售员就要真诚地向客户展示产品的独特属性，不能假装糊涂地绕开对方的真实想法，否则就会被客户抛弃。

客户乙："这件裙子的尺寸看起来跟我不太搭配。"听到这种话时，销售员不要气馁，以为客户不想买了，其实客户要表达的潜在意思是："我希望你能找到适合我的裙子。"如果实在找不到，我们还可以从这句话中解读出另外一层含义："或者你能证明我穿这套裙子很合适。"如果你对自己有信心，不妨这样对客户说："这套裙子是在秋冬两季穿的，那时候我们的内衣会比现在的厚一点，这样穿上后就很合身了。"

客户丙："很抱歉，我不能跟一家没有听说过的公司合作。"这句话听起来很刺耳，但其实客户的潜在意思是："你最好介绍一下你们公司，如果让我感兴趣的话我会考虑合作的。"这时你就要把公司的发展历程简明扼要地向对方介绍一下，而不能表现出一种不自信，因为那样一来客户会坚定之前对你的看法，最重要的是，你要知道客户想了解的关键信息是什么，是你们的市场占有率，还是人才配比，或者是发展前景，等等。

客户丁："不好意思，我正在准备减少开支，暂时不打算购买新产品了。"听到这句话也不要泄气，因为客户的潜在意思是："如果你们的产品正好是我需要的，我还是会节省开支购买的。"这时就需要销售员找准客户的诉求点，抛开无关紧要的产品参数，将对方最需要的卖点亮出来，就能增加对方购买的概率。

通常，客户对你表达弦外之音主要有三个原因。

第一，价格比别人家贵，不知道该不该买。如果是这种情况，说明客户并没有把价格当成唯一的决定因素，否则也不会纠结了，那么销售员就应当深入挖掘客户在乎的其他因素：品牌、售后，还是相关赠品？找出这些因素，就能让客户尽快下定决心。

第二，对你不够信任，认为交易有风险。如果存在这种心理，客户多半是跟你不太熟悉，毕竟信任的积累需要时间，不是光凭几句好话就能获得的，有些销售员认为搞定客户就是几句好听的话，这是错误的，作为销售员要学会在你和客户之间搭建桥梁，比如共同的兴趣爱好、相似的经历，等等，先拉近距离再谈营销。

第三，因为你推荐的产品不是客户想要的。如果犯了这种错误，你就需要尽快转移话题了，因为一旦错上加错，会让客户对你彻底失去兴趣和信心，转而寻找其他销售员。那么如何判断你所推荐的正是客户需要的呢？如果客户不由自主地靠近你并有点头等小动作，那就说明成功了，反之，如果客户视线散乱或者脚步后移，那就说明你没有勾起对方的兴趣。

中国有一句古语叫作："多闻阙疑，慎言其余，则寡尤。多见阙殆，慎行其余，则寡悔。言寡尤，行寡悔，禄在其中矣。"这句话概括出了两个关键词：多倾听和多观察。多观察，就是我们前面提到的对客户的微表情、小动作以及其他肢体语言的解读，而多倾听就是深入理解客户的弦外之音，避免我们做出错误的判断。总结起来就是：当你说的错话比较少、做的错事比较少、人生后悔之事比较少的时候，那就证明你的人生追求和周围的人际关系环境保持在和谐统一的状态中。对于销售员而言，掌握了倾听的技巧就成功了一半。

4. 深挖客户的惯用语

作为销售员，都希望自己是善于解读客户思维的读心大师，因为这能帮助自己获得业绩，前面我们讨论了通过微表情、小动作等方面揣摩客户个性的方法，除此之外，我们还能从客户的惯用语中窥探他们的内心世界。

惯用语也是我们常说的口头禅，它是一个人在长期的交流中形成的固化表达方式，虽然往往没有实际意义，却能够反映出客户的真性情，因为惯用语是不经过思考脱口而出的，几乎不会被主观加工，是最有价值的原始信息。一般来说，惯用语的形成能够反映出一个人的基本性格特征，也能从侧面反映出他们的生活环境，只要掌握了解读惯用语的技巧，销售员就会很容易打开客户的心门。

下面我们举例说明一些常见的惯用语，看看如何分析客户的性格特征。

● "确实如此"

习惯把这四个字挂在嘴边的人，大多是那种缺乏主见的人，而且虚荣心较强，因为他们不想让别人发现自己的浅薄无知，所以总会随声附和，显得自己早就洞察了一切。对付这类客户，只要显出作为销售员的专业素养和储备知识，对方就会在心里对你暗生佩服，当然表面上还是会说"确实如此"。

● 外语控

这类客户并不是指那些真正精通外语的能人，而是喜欢在汉语中穿插一些外语的伪时尚人士。这种人通常穿着普通或者打扮得比较花哨而缺乏品位，他们使用外语不是受到生活和工作的影响，而是纯粹想要卖弄自己。一般来说，这类客户外表张扬而内心不够强大，他们往往经不起诱惑，只要你给予他们足够优惠的折扣就很容易搞定对方。

● "能不能""是不是"

喜欢使用这一类疑问句式的客户，通常是那种和蔼可亲的类型，他们思维比较冷静，能够做出相对正确的分析，不会受到外人的蛊惑而冲动消费，所以面对这类客户时要保持足够的镇定，以理服人，让对方感受到你的诚意。

● "我已经知道了"

这类客户可不是真的自信满满，而是受到表现欲的强烈支配，他们认为自己才是该被大家关注的焦点，而其他人都只能做

配角，所以处处要显示自己高人一等，如果你确定拿下对方能够
获利很大，那么就尽量满足对方的这种自负之心，绝对不要打击
他的尊严，否则很难收场。

● "这个……那个……"

习惯用这种口头禅的人，通常是做事小心谨慎的人，他们害
怕冒险，不会轻易打开自己的荷包，更不喜欢明确对别人表达自
己的观点，所以和他们交流的时候要多引导对方开口，而不要强
迫他们发表看法，否则他们很可能选择逃避。

● 喜欢网络用语

这一类客户看似追赶时尚潮流，其实他们并没有成熟的价
值观，缺乏独立思考的能力，只是喜欢盲从，所以搞定他们很容
易：只要让他们觉得这款商品别人都买了，那么为了不让自己被
边缘化、被小伙伴们排挤，他们必然会爽快地掏出钱来。

● "绝对……必须……"

这种客户是喜欢快速下结论的人，他们要么过于自信，要么
过于自卑，总之很难对事物产生客观的评价，而是喜欢跟着感觉
走，面对这类客户时，销售员不要指望能给对方洗脑，而是应该
问清对方的需求再推荐产品，这样才能将营销的阻力降到最低。

● "其实……"

喜欢用这两个字开场的人，通常是想要引起别人的关注，因为"其实"是对真相和事实揭露前的提示语，所以这类客户的诉求是，希望别人认同自己的观点，那么作为销售员就要多多赞美对方，这才能让他们心情愉悦，才能够被你的热情感化，再加上一点营销话术就很容易促成一笔交易。

● "果然不出所料……"

这种人自我意识极强，而且喜欢通过贬低他人来肯定自己，具有一定的攻击性，对待他们要多加小心，不要试图采用激将法、暗示法这些技术含量较高的套路，因为一着不慎就可能引起对方暴怒，而当他们认为自己的尊严被践踏时，场面会十分难看。

● "真的"

这类客户往往是自信心不足的人，他们很担心自己的话不被人肯定，所以才会在结尾时加上一个"真的"，如果对方认为你确实不认同他的观点，就会失望至极甚至转身离去，所以对付这类客户要给予足够的肯定和信任，这样才能留住对方。

● "你应该……你必须……"

这类客户不是善茬，他们不仅以自我为中心，更喜欢对别人颐指气使，也许他们在事业上真的小有成就，也可能一事无成，总之这类人群不好伺候，但是销售员也不要慌，只要你能耐心听对方把话讲完，就能大致摸清对方的心理动态，即便没有读懂也不要胡乱猜疑，不如直接询问对方有什么需求，而他们往往很享受对别人指指点点的交流模式，借用这种氛围进行营销，成功率依然不小。

● 使用方言

如果对方能够说普通话却故意用方言，那么基本可以认为他们是追求独特个性、底气十足的人，他们希望自己的另类表现能够得到他人的认同，因为他们对此很有信心，如果你不认同他的个性等于否定了他的全部价值，所以面对这类客户时，销售员不要急于出招，而应采用侧面进攻的方式，会更容易说服对方。

● "我要……""我想想……"

这类客户属于天性较为单纯的人，心思不够细腻，思想也不够成熟，他们容易冲动购物，也容易发脾气，所以销售员要学会控制并感染对方的情绪，保持和对方的融洽沟通氛围，这样才能引导他们把购买意向变成交易结果。

上述列举的惯用语只是常见的十几种类型，并不能代表全部，作为销售员还是应当从实际经验出发，多和客户沟通，多和陌生人接触，掌握更多的惯用语词库，时间一长就会摸索出其中的规律。当然，任何解读都不是绝对的，要学会结合对方的表情、动作和外在形象去判断，这样才能勾勒出一个相对客观的人格形象。知己知彼，百战不殆，当我们了解了客户的小心思、小情绪之后，就有时间做出应对预案，帮助我们斩获业绩。

5.化解客户的抱怨

　　作为销售员，恐怕最不愿意听到的就是客户的抱怨，因为这是在传递一种负面信息——客户对产品不满意或者对销售员不满意，如果再多抱怨几句，交易可能要告吹了。当然，销售员的这种担心也是合情合理的，不过凡事都要从正反两方面来看：客户的抱怨意味着对产品或者服务不满，这是负面信息，但是如果你能认真倾听，也能从中找到有价值的信息。

　　好好想想，客户为什么抱怨？产品是否真的存在某些问题？如果把这些问题改正了是否会提高销量呢？如果能解决这些问题，那么客户的抱怨就会化成销售员的业绩。

　　销售员要认真分析客户抱怨的原因，到底是什么让他们不开心以及如何让他们开心，作为一个合格的销售员，应当在客户发出抱怨前就做到心中有数，要了解客户的性格特征、消费习惯以及文化背景等多方面的情况，从源头上避免抱怨情绪的产生。比如，你的客户是一个整天加班的IT精英，性格内敛且有些狂傲，学历较高，那么在接待对方的时候就要从语言和产品推荐上锁定对方可能存在的需求，要照顾到客户的现实生活和工作环境：对方想要一台笔记本电脑，你就要推荐键程较长、打字舒服的机型，还要在询问的时候多听对方的要求描述，诸如此类，就是在抱怨发生前尽量控制可能触发对方负面情绪的点。

关于抱怨，也有一个有趣的"二八法则"：如果只能提供给你20%业绩的客户在抱怨，那么就不要拿出过多精力去安抚他们，更不能为了这区区20%而得罪了另外80%；反之，如果是给你带来80%业绩的客户在抱怨，那么你就要集中精神从中找出共同抱怨话题，尽快解决问题，否则会造成巨大的损失。

其实抱怨并不可怕，可怕的是面对抱怨时的措手不及或者置之不理，前者是缺乏经验的表现，后者是不够敬业的表现。如果能够处理得当，抱怨也会从负面事件转化为新的业绩。

被誉为"经营之神"的松下幸之助认为，对客户的抱怨不仅不能厌烦，还要表示欢迎，为此他告诉部下：客户上门投诉就是对企业存在错误的纠正，如果对方不投诉，那么企业就会永远以恶劣的形象留在他们的印象中，因此对待抱怨的客户要耐心和礼貌，让他们获得如愿以偿的感觉。有一次，一位大学教授写信给松下幸之助，说他们学校的电子研究所购买的松下公司产品经常出现故障。松下幸之助得知情况后，马上让生产该产品的部门最高负责人去教授所在学校了解情况，经过工作人员的安抚和处理，研究所的人员终于消了气，还愿意为松下推荐新的客户。

只有站在客户的立场上去体验客户的抱怨，才能真正理解客户抱怨的重要性，才能找到合理的解决方案，否则只能是敷衍客户，并不会真正解决问题。换一个角度看，喜欢抱怨的客户更容易促进销售员成长，也有利于产品的不断完善。如果客户将抱怨的情绪压抑在心里，就会转化为更加不利的结果——问题没有解决，新的客户依然会抱怨，产品的负面形象得到固化。

既然解决抱怨如此重要，我们就来看看抱怨的起因是什么。通常，客户的抱怨分为两种：一种是群体性的抱怨，这是很多销售员都会注意到的问题，因为人数太多，影响较大，你不做出改变是不行的；一种就是个体性的抱怨，也就是少数的客户甚至是一个客户抱怨，这会让销售员产生错觉——一个人抱怨是他自己的问题，我可以不管。殊不知，一个客户抱怨并不真的代表这个人很"矫情"，很可能是其他人也有抱怨的情绪但只有他说出来而已，所以忽略这个问题可能带来意想不到的恶果。

销售员要想理解客户的抱怨，就要学会站在对方的角度思考问题。打个比方，有销售员认为客户因为交货期限晚了几天就投诉自己，完全是小题大做，殊不知，销售员眼中"无足轻重"

的几天，可能会影响到客户的工作流程，如果你不关心对方的利益，客户也会把你的消极处理方式告诉给其他人，从而对你造成长久的负面影响，到那时再想搞危机公关就要付出很大的代价。

如今，国内很多知名企业都十分重视对客户的"抱怨管理"，比如，联想建立了质量监控部门，对80%的客户抱怨进行分类，区分对方是因为对产品不满还是对服务不满，是营销策略出了问题还是其他环节惹了麻烦……完全是以积极的态度对待抱怨。

作为销售员不要忽略一点，客户的抱怨都是具有指向性的，有些销售员被客户抱怨时，总是想息事宁人，其实这是很愚蠢的行为，因为客户可能会采取更激进的方法表示自己的不满，正确的做法是让客户感受到你是在认真解决他的问题，这需要你通过一些具体行为来表达，比如给自己的上级打电话、给客户临时安排换货、记下客户的详细联系方式，等等，这样客户才会心里踏实。只要排除客户是无理取闹的特殊情况，身为销售员有义务消灭客户心中的怒火。

当客户的怒火消除后，销售员也不要以为事情解决了，要找机会和客户聊聊，摸清他们抱怨的产生过程以及心理动态，这样既能了解产品和服务的某些不足，还能知晓客户在遭遇这类情况时的反应，等到下一次发生类似情况时，销售员就能提前做出预判，不等客户找上门来就能处理好问题，给客户满意的购物和服务体验。

有时候，为了消解客户的抱怨，销售员要在经济上适当做出一些赔偿，这时千万不要做铁公鸡，因为舍不得赔偿金，你会以其他形式蒙受更严重的损失。而且，销售员不要高估自己的口才，认为凭着三寸不烂之舌就能让客户的愤怒烟消云散——很多时候不拿出票子对方是不会善罢甘休的。

客户的抱怨确实对销售员有一定的危害，它能够让客户产生较大的心理波动，导致他们在认知层面和情感层面与销售员保持对抗状态，而且一个客户的抱怨也许会扩散到其他人身上，影响品牌形象和销售员的个人口碑，因此对客户的抱怨不能掉以轻心，要出让你的一部分利益去安抚客户，如果处理得当，你损失的利益迟早会回到你身边。

第七章

培养亲密关系
——让客户对你"动情"

先做朋友，后做生意。千万不能眼中只有金钱而忽略了交情。客户不是"赚钱的工具"，发自内心地喜欢客户、接近客户、重视客户，让客户看到你的真诚，让心靠得更近，是发展客户关系的重要一步。

1. "表白"客户能收得奇效

一个成功的销售员，值得学习之处不在于售出了多少产品，而是能够将一个陌生客户转变为熟客，这才能证明他既有营销产品的能力又有经营人心的本事。那么，如何才能把客户的心拉过来呢？其实，和谐的交易关系和甜美的恋爱关系有很多相似之处，销售员需要通过一些精彩的"表白"获取客户的"芳心"。

第一阶段，初次邂逅。

恋爱是让两个原本素不相识的人产生火花，进而升级为更加牢固的亲密关系。销售也是如此，茫茫人海中，客户遇到了你，而你也需要客户为自己带来业绩，这就是初次邂逅，在这个阶段要做好三件事。

第一件事，打理好个人形象。虽然不是所有的爱情都是一见钟情，但是第一印象非常重要，如果你衣冠不整或者谈吐粗俗，那么给客户的第一印象就会分值极低，对方很难愿意和你交易——即便你手中的产品再有竞争力也降低了吸引力。

第二件事，寻找适合的相遇地点。正如很多爱情电影中演绎的那样，男女主人公往往都是在一个很浪漫之地意外相识，地点越有恋爱的气氛，未来的感情会越让人期待。同理，你和客户的相识也要依托于某个地点，所以你要把握好恰当的时机和对方相遇：如果你是商场的销售员，没有主动出击的机会，那就不如将销售区域好好布置或者清洁一番，让客户一眼看过去就有好感；如果你是上门推销员，那么最好在客户工作闲暇时拜访，这样才能给你们创造持续沟通的机会。

第三件事，了解并满足对方的需求。准备谈恋爱的人都有对另一半的理想期待，而客户也对他们想要得到的产品有所期待，只有销售员满足这个需求，这段交易关系才有延续的可能。比如，客户需要的是一盏护眼灯，你就要推荐给符合他们要求的且不浪费钱的款式，不能为了获得利润空间推荐一些华而不实、超出客户消费能力的灯具，这样客户才有和你谈下去的愿望。

第二阶段，相互了解。

当我们遇到了让自己感觉不错的人之后，就会有了解对方的主观意愿，这个了解不是简单的需求探寻，而是更加深入的探知，对客户来说就是对产品和销售员的深度了解，这些都直接影响到客户是否会下决心购买。对此，销售员应当展示出产品的优势以及和竞品的最大差异，这样才能让客户打消"再去别家看看"的念头，这和恋爱中的占有欲也是相似的。

相互了解不仅需要真诚的态度，也需要丰富的经验和技巧。很多时候，你出售的产品和其他竞争对手相比并没有绝对的优势，你也不可能每一次卖的都是紧俏货，客户未必只能通过你满足他们的购物需求，这就需要你在和客户沟通的过程中，准确把握对方的心理动态。就像恋爱一样，那些纵横情场的老手们都知道女孩子什么时候需要呵护、什么时候需要安慰。同理，成熟的销售员也知道什么时候对客户百般劝说，什么时候告诉客户"这已经是最低价了"。这些技巧需要销售员通过长期的经验积累来获得。

第三阶段，互相依赖。

任何感情的发展都要有一个前提，那就是彼此信任，有了信任才有爱的延续，否则这种爱之花只能像焰火一样转瞬即逝。同样，销售员在和客户初次接触时，大部分人都能面带微笑，可是当客户提出了一些要求之后，有的销售员就失去了耐心，而有的销售员却能继续保持热情，会让客户越来越信任自己，成交的概率就增加了。

当然，信任是需要通过销售员的一系列行为来建立，不是只靠一两句好话就能获得，所以销售员一定要诚信营销，不能以次充好，即便产品存在着一些小问题，也要当面对客户说明并给予相应的折扣，这样才能让客户感受到你的善意，而善意也是爱的组成部分。

还有一点不容忽视，任何恋爱都要有一个继续的理由，这个理由可能纯粹是相互吸引，也可能是安全感的获得，还可能是优缺点的互相弥补……对销售员来说也是如此，客户选择了你而放弃了别人，这种取舍需要一个理由：也许是你的商品价格足够优惠，也许是你的售后服务更好，也许是你本人具有强大的亲和力……总之，销售员应当根据自身或者产品的优势建立最重要的吸引点，让客户非你不"买"。

第四阶段，修成正果。

不以结婚为目的的恋爱都是耍流氓，这句话如果篡改一下就是：不以成交为目的的营销都是失败的。你和客户聊了半天，感情谈到位了，钱却没有到账，那么一定是某个环节出了问题。当然，营销和恋爱一样，不能为了逼婚而强迫对方选择你，而是要用自身的优势把对方吸引过来，让对方产生一种"不和你结婚我就没有合适的人选"的感觉，所以销售员要展示产品的卖点，或者是品牌的影响力，再或者是市场应用前景……实在不行，也可以利用从众心理让客户跟风购买。需要注意的是，这个实力的展示不能轻描淡写，要让客户知道它能够满足对方的最大需求。比如，你打算卖给客户一台交换机，你就要指出该机器的技术规格达到了国际标准，技术创新也是国内一流，而且数量有限，补货周期长……这样才能让客户坚定购买的决心，如果是强行销售就违背了"恋爱"的基本法则。

第五阶段，维持关系。

到第四个阶段时，有的销售员或许认为交易已经完成，和客户的"恋爱游戏"也就结束了，不要忘了，我们追求的是一种长久的交易关系，正如结婚也可以离婚一样，你把质量不好的产品卖给了客户，客户使用几天又找你退货，或者没有退货但是断绝了和你二次交易的念头，再或者把你的恶劣营销手段告知给别人，那么你在"恋爱市场"上还有生存的空间吗？

其实，维护和客户交易后关系更为重要，它决定了一个销售员的档次：是一个只会耍嘴皮子忽悠客户的小商贩，还是一个能不断积累客户资源的营销专家。所以，销售员在成交后，应当主动进行售后调查，特别是对于大客户，可以采取上门回访的方式，让客户感觉到你不单纯是为了赚钱才说了那么多"甜言蜜语"，这样你们的关系才可能"天长地久"。

恋爱是一场融合了荷尔蒙、心理博弈和进化论等多种因素的特殊社交行为，而营销也是一场有关人心、经济学理论和工业文明等多元素的商业行为，作为销售员应当像关爱恋人那样去善待客户，也许不能每一次都得到回报，但如果长期坚持下去，总会收获意想不到的经济回报和情感回馈。

2. 对客户让一步，攻心就进一步

如果把销售过程看成是一场战争，那么销售员面对客户时就不能步步紧逼，因为你要做的不是打倒对方，而是说服对方、感化对方，所以很多时候往往退一步会海阔天空。换句话说，你对客户的让步并非是软弱和妥协，而是以退为进、攻心为上。

让步说起来容易，在具体操作的时候要注意分寸，不能为了攻心而无原则地让步，这样并不能真正获得客户的信任，同样，也不能假装让步的姿态，结果只给了客户芝麻大点的好处。归根结底，让步是为了平衡双方利益和心态的博弈，需要注意以下五方面。

第一，尽量增加每一次让步的时间间隔。

所谓增加时间间隔，是指对客户的让步要越来越慢，也就是降低让步的频率，简单说，当你在做出第一次让步之后，距离第二次让步的时间要稍长一些，而第三次让步的时间则更长一些……以此类推，这是为了让客户明白：你的让步不是因为性格软弱或者真的被抓住了什么把柄，而是为了照顾对方的利益不得已而为之，这样才不会让客户得寸进尺。换言之，如果你让步的时间过短，会让客户产生更高的期待，他会把希望寄托在下一次让步上，结果你的让步就变成了无止无休的退让。

打个比方，客户来到你的柜台想要购买一台扫地机器人，在谈价格的时候对方想再优惠一点，你为了拉生意给对方优惠了50元，可是客户并没有达到预期，还想继续优惠，如果你还有足够的利润空间，但是也不能马上答应对方，而是应当故作思考或者假装打电话询问上级拖延时间，等到10分钟过后才答应给客户再优惠50元，如果客户还是不依不饶而你还有降价的空间，那就再跟客户饶舌20分钟，再优惠50元，这样一来，客户就会觉得你的让步时间越来越长，他也不会无休止地要求降价，因为这样也在消耗他的时间成本，这样生意就做了，客户也认为你为了照顾他竭尽全力了。

第二，尽量减少每一次的让步幅度。

减少幅度，就是对客户的每一次让步都逐次递减，这等于向对方传递一个信号：你为了留住客户做出了很多牺牲，却是有限度的。有人认为逐次递减和逐次递增没有多大区别，那么我们不妨设想一个场景：假如你购买一套化妆品，销售员开价是2000元，然后你要求打折，对方降到了1800元，你第二次提出要求，对方又降到了1500元，那你会怎么想呢？你会觉得这个价格水分太大，每一次提要求都能得到更多的折扣，你会越来越无视产品本身的价值，而是热衷于这种砍价游戏，那么真正被动的就是对方了。因此，只有把让步的幅度逐渐缩小，从200元降到100元再降到50元，才能让客户明白他的请求正在触及你的底线，对方也就会见好就收了。

第三，尽量让步的次数不超过三次。

中国人讲究"事不过三"的原则，这个同样适用于营销，但是这句话的真正价值在于：把你可以让步的总和拆分开来，对方才会觉得占了便宜。比如，你想购买一台电瓶车，对方一次性让步300元和分三次让步300元感觉是完全不同的。而且，当你第三次让步的时候，一定要发给客户一个信号：这已经是最后一次了，不能再让步。切记，这个信号绝对不能在第一次或者第二次让步的时候就使用，要让客户一听到就察觉出这句话的分量。

第四，如果无法满足对方可以采用"替代式让步"。

所谓替代式让步，就是客户希望你在价格上便宜一点时，你没有自行降价的权力，但是又想留住对方，那可以采用其他途径让步，比如赠送小礼物、延长保修时间或者提供其他好处给对方，这样一来，虽然客户没有达到预期目的，但可能得到了意外收获：也许延保对他来说更实用，或者某一个小赠品是他家里人所需要的。当然，替代式让步需要注意等价原则，如果客户希望优惠200元，你却给了他2元钱的赠品，那就真的让对方感到意外了。

第五，坚守自己的底线。

如果客户提出的要求你已经满足到了极限，或者替代式让步也做到了极限，然而对方还是不依不饶，那么销售员不能为了留住客户而破坏底线。也许有些销售员为了业绩或者潜在的客户资源会破例来一次"大放价"，但这样做往往后患无穷：第一，客户下次再找你的时候，会以回头客的身份进一步要求你降低底线，即便你不满足这个要求，也必须给对方和上一次相同的超低价格；第二，如果客户推荐其他人到你这里购物，他们很可能得知你的价格底线，会一上来就展开猛攻，让你难以招架。

综上所述，打破底线的做法在大多数情况下是不提倡的，当然销售员也是人，面对得寸进尺的客户很可能会身心俱疲，这时候不妨和对方换个轻松的话题，暂时中断你来我往的砍价大战，这样也能干扰对方的思路，如果是上门推销，还可以考虑换个时间段再来拜访……总之要保持冷静的思维，不能为了达到某个目的而牺牲太多或者留下太多隐患，因为这些恶果最终都要由你来买单。

砍价是作为买家的本能，即便这个价格他们可以接受，也依然热衷于此，这是一种常态，作为销售员来说应当冷静对待，不管客户提出了多么无理的要求，都要心平气和地告知对方"这已经是最低价格了"。换个角度看，如果一个销售员死守着初始价格不变，会被客户认为是思维死板、缺乏变通，自然不愿意和你交易。当然，如果很轻易地就让步了，也会让客户产生继续杀价的兴趣，给自己带来不可预估的"灾难"，只有平衡这种利害关系，才能确保交易顺利、有序、正常地进行。

3.向客户展示你的真诚

销售是一个门槛低但升级困难的职业，一个什么都不懂的新人可以直接拿着产品上门推销，并不需要任何资历证书，然而经历了多次失败之后，有的新人成长为高手，有的新人则惨遭淘汰……于是，那些业绩不好的销售员拼命钻研各种营销窍门，却忽视了一个最不可缺少的素质——真诚。

其实，销售员和客户的亲疏远近，主要还是受到沟通效果的影响，而影响的主要因素就是销售员和客户沟通时是否具有感染力：感染力越强，对方越容易动情，就越容易和你产生亲近感，从而提高成交率。

国外一位心理学教授说："一个人的面部表情越真诚，他的表达能力越强，就越吸引他人去效仿。人类面部及体内的肌肉纤维可以在人无意识的情况下被激活，在你还没有察觉到的时候就已经开始去效仿别人的情绪了，而这种效仿的能力要比你去率先流露这种情绪更容易。"简而言之，销售员要拿出足够的诚意，才更容易把良好的情绪传递给客户，营造一种温馨融洽的气氛。

如果客户想要购买一样商品，销售员对客户而言是什么？是一个专业的、内行的、能够给客户提供有价值建议的专家。但是因为一些销售员片面追求业绩而忽视了客户的利益，导致客户对销售员天然存在一种怀疑：你给我推荐的是我真正需要的吗？你给我推荐的是能给你最多利润的吧？由于存在这种普遍心理，销售员才更应该用真诚和客户交流。那么问题来了——销售员怎么样做才算是真诚对待客户呢？

答案就是，销售员应当不断和客户进行深入的交流，把客户当成朋友，通过交流来获得客户的最大信任，这样才能促使客户说出真实的诉求，然后依靠销售员的专业分析和介绍，为他们提供答疑解惑的服务并最终推荐最合适的产品和服务。当然，销售员可以用套路促成客户完成交易，却不能用套路坑害客户，这是作为行业人员的基本准则。

对于销售员而言，能否抓住客户的真正需求，是决定你和客户关系能否稳固的关键，一个销售员应当知道哪款产品对客户来说是最需要的、客户购买之后有多大收益、需要为客户重点介绍哪些功能……只有解决这些问题，才能稳定你和客户的关系，否则客户会认为你不够专业，甚至会认为你缺乏起码的真诚，凭什么还要相信你呢？

有一天，东京的奥达克余百货公司接待了一位来买电唱机的美国女客户，销售员为她选购了一台没有拆封的索尼牌电唱机，在女客户拎着电唱机离开后，销售员忽然发现卖给她的是一个空心电唱机样品，于是告知了上级。奥达克余百货公司的经理认为，虽然女客户购买的只是一台电唱机，但此事关系到公司的声誉，于是召集员工大海捞针地寻找那位女客户，经过苦苦的搜寻，他们得知该名客户名叫基泰丝，是一位记者，他们费尽周折地联系了基泰丝的父母，先后打了35个紧急电话才找到了她。最后，奥达克余百货公司的副经理带着工作人员来到基泰丝的住处向她致歉，除了将新电唱机交给她之外，又赠送她一张唱片、一盒蛋糕以及一套毛巾。基泰丝说，在她发现电唱机没有机芯之后，立即写了一篇《笑脸背后的真面目》的批评稿，准备向奥达克余公司兴师问罪，然而没想到他们竟然花费如此大的精力去弥补错误，基泰丝为此将批评稿撕掉，重新写了一篇题为《35次紧急电话》的特写稿。这篇稿件刊登之后反响强烈，奥达克余公司真诚对待客户的举动获得了良好的口碑，后来这个故事被美国公共关系协会推荐为世界性公共关系的样板，基泰丝也成了奥达克余百货公司的"死忠粉"。

既然真诚对销售工作如此重要，那么作为销售员如何表现出自己的真诚呢？

首先，要有良好的形象。

良好的形象包括端正的仪表、整齐的着装、文明的举止以及得体的话术，等等，这能让客户觉得很舒服，再经过交谈又会认为你很文雅。试想一下，如果一个销售员外表邋遢、谈吐粗俗，如何让客户感觉到你的真诚呢？只有保持良好的形象，才能让客户认为你是一个敬业的销售员，而敬业是真诚的基本准则。也许你的外在形象不能让客户绝对满意，起码客户也不会排斥你，你还有机会继续展示你的专业能力。

其次，要了解产品。

一个销售员如果对自己推销的产品都不了解，何来真诚？客户只会认为你是一个浑水摸鱼的老油条，除了天花乱坠地吹嘘产品之外一窍不通，很难对你产生信赖感，你也无法展示一名合格的销售员所必备的从业素质。

再次，要敢于指出产品的缺点。

一个优秀的销售员绝不会为了推销而推销，更不会强卖垃圾产品给客户。有些销售员为了业绩，把产品的缺点吹成了优点，把优点吹成了独一无二的卖点，也许一次两次能忽悠客户掏钱，但时间长了，客户总会发现你在欺骗他，你也就很难在圈子里树立良好的口碑了。

最后，要为客户解决售后问题。

再优质的产品，也难免在使用过程中出现问题，所以销售员不要认为客户付款之后就万事大吉了，应当本着负责的态度对客户进行售后追踪，看看他们是否真正买到了适用于自己的产品，一旦发现产品存在问题，就要为客户及时解决，这样才能凸显你的真诚，客户才有可能把你推荐给其他消费者。

总而言之，一个好的销售员必须要用真诚的服务去打动客户的心，当你做到了足够的真诚，业绩会不请自来，而一味地钻到钱眼里，或许能够得利一时，但绝不会得利一世。唯有真诚，才能让客户变成你的朋友，才有机会和对方进行深度的心灵沟通，甚至形成一种默契关系，让你和你的产品与客户牢牢绑定在一起。

4.善用幽默消除双方距离感

幽默大师卓别林说过："幽默是智慧的最高表现，具有幽默感的人最富有个人魅力，他不仅能与别人愉快相处，更重要的是拥有一个快乐的人生。"幽默展示的不仅是一种人生态度，更是一种话术技巧。当今社会，由于人们生活压力较大，导致人与人之间的关系既紧张又微妙，稍有不慎就会让谈话陷入僵局。

销售员的一切营销技巧，都要以融洽的客户关系为前提，否则你说破了嘴皮也不会打动对方。为了培养良好的营销沟通氛围，销售员可以采用幽默作为拉近关系的工具，让客户在欢声笑语中买走你的产品。那么，幽默到底能在营销中产生哪些力量呢？主要表现在四方面。

第一，幽默能够消除陌生感。

销售员与客户都是从陌生到相识再到建立合作关系，这是一个心与心贴近的过程，当彼此初次见面时，总少不了存在陌生感，如果不能尽快将其消除，会直接影响到交易结果。正如日本销售大师原一平所说："幽默具有很强的感染力，能迅速打开客户的心灵之门。"

老宋是一个身材矮小的办公用品推销员，有一次敲开了某个公司的大门之后，一个员工打量着他半天，似乎对他的身高有些鄙视，然而老宋没有在意这些，他笑呵呵地说："您看我这身高就能知道我们产品的质量有多好了。"那位员工一愣，老宋趁机说："像我这样形象不佳的人都能出来推销，就是仗着我们的产品质量过硬啊，甭管客户看我多不顺眼，但是一看到我们的产品就动心了。"老宋的幽默让大家对他消除了歧视，对他带来的文具也产生了兴趣，这就是幽默的力量。

第二，幽默能够化解负面情绪。

很多销售员都会遇到一些"销售危机"，比如客户要求退货或者产品出现意外损害等情况，面对这些棘手问题，销售员不仅应当知道该如何为客户解决现实困难，更要知道如何安抚对方的情绪，而幽默恰恰是化解危机的最佳手段，它不仅能够帮助我们消解对方的负面情绪，还能够绝境逢生，为销售工作带来转机。

业务员小李和客户约好第二天下午一点洽谈合作的事情，然而因为小李临时有事迟到了，于是打电话告诉客户将洽谈改在两点半，然而在路上又遭遇堵车，于是小李急忙打电话告知客户三点才能到达。听到这个消息后，客户愤怒地让他不用来了，并表示再也不会购买小李推销的产品。尽管如此，小李还是克服一切困难来到客户的公司，面对怒气冲冲的客户满脸堆笑地说："您好，我是业务员小李，听说您刚刚拒绝了一位业务员的拜访，因此我马上过来代替他！"客户一听转怒为喜，对小李的抱怨也烟消云散了。

第三，幽默能够消除戒备心。

当销售员和客户在谈论和"商品""钱"等无关的话题时往往很融洽，可是一旦交流的主题牵涉到双方的利益时，彼此都会保持较高的戒备心理，让关系变得十分微妙。这时与其猛攻不如巧打，应当以幽默为武器消除客户的疑惑和忌惮，最直接的方法是在沟通中插入一些有趣的小故事。

小何打算从客户的公司中借用一套设备，然而对方态度不明确，对小何所在工厂的生产能力心存怀疑，小何马上对客户说："当年我第一次跑业务的时候，有一次约客户吃饭，结果走得太匆忙忘带钱了，就让一个朋友偷偷给我送钱来，没想到让客户看到了，他问我第二职业是不是放高利贷的，我说是，客户马上跟我签了合同。"客户一听就笑了出来，对小何的工厂也产生了浓厚的兴趣，很快他们建立了合作关系。

第四，幽默能够消除对立情绪。

有时候销售员和客户因为争论某件事情会陷入沟通的僵局，当然这未必是销售员有意和客户作对，只是纯粹因为某些问题的认识分歧发生了冲突，作为销售员也不能无原则地退让，这时不妨用幽默来缓和气氛，打消对方的顾虑，让他们换一个角度倾听你要表达的观点和立场，从而说服对方。

小程在接待一位客户的时候，客户因为购买过他们的一件残次品所以有了成见，于是直言不讳地对小程说："你们家的产品质量很差，价格又贵，造型又不时尚，怎么看都像是翻新的！"小程说："对不起，我们的产品让您生气了，就像每个人都说我很丑，我只是美得不明显，我认为每一件产品都不可能做到绝对完美，关键在于如何发现它的内在价值。"客户听了之后，气也消了不少，最后表示愿意和小程继续合作。

幽默能给沟通带来意想不到的吸引力，人人都愿意结识有幽默感的人，对于客户来说，他们都希望和一个富有幽默感的销售员沟通，而销售员则可以利用幽默去展示产品的价值。当然，幽默感并非是油腔滑调，而是有关心理学和沟通学的艺术。

有人曾经这样评价幽默的作用："幽默可以润滑人际关系，

消除紧张，减轻生存压力，把我们从各种自我封闭的情况中解脱出来，使我们寻得益友，增强信心，在人生的道路上知难而进。"如果一个销售员能够参透幽默的奥秘，那他一定会成为一个令客户愉悦的沟通高手。

5. 互惠互利是不变的真理

我们常说要和客户拉近关系，方法当然不是唯一的：口才好的可以通过话术拉关系，长相萌的可以通过颜值拉关系，人脉广的可以通过熟人拉关系……不过，在千万种手段中，最有效还是"大碗喝酒、大块吃肉以及大秤分金银"。归根结底，与客户互惠互利才是亘古不变的真理，也是绑定双方关系最牢靠的手段。

作为销售员，不要低估客户心中的小算盘，他们知道你卖出一件产品所获得的收益，这是客户给予你的经济利益，作为受惠的一方你也要相应地予以回报。需要注意的是，这种互惠关系并不局限于交易额较大的买卖关系，即便是那种几十块钱的交易同样需要遵照这一法则，区别只是回报价值的高低而已。

我们生活的时代和社会，本质上还是以物换物的社会，虽然我们流通的是货币，但在更复杂的社会关系中，人和人之间不可能总是通过金钱的流通来维持，而是通过礼尚往来的隐晦方式去维系。销售员和客户之间，虽然也算是赤裸裸的金钱关系，但如果要长期维护一个客户，还是要遵照"物物交换"的原则，这样才显得多了一分人情味、少了几分铜臭气。

能够和客户保持互惠关系，就能让交流变得更有效，也能让客户对你产生更亲近的感觉。因此，销售员应当利用"客户给你，你要回报"的模式，让对方听从你的营销方案。有些销售员舍不得用物品回报，虽然不会直接破坏和客户的关系，但是客户也不会对你产生亏欠感，当你向客户进行二次营销时，客户往往不会买账或者提出更苛刻的要求。相反，如果你在和客户的首次交易时给予对方回报，客户就不会断绝和你继续交易的念头，你就拥有了继续营销的宝贵商机。

乔布斯说过一句话：迎合用户的心理，才能赢得顾客。那么用户的心理是什么呢？他们希望自己花出去的每一笔钱都能得到回报，这个回报包含了你提供的产品或者服务，也包含了你对客户的感恩，等等，这些都能够满足客户的自尊心和虚荣心。当然，也有一些客户纯粹出于占小便宜的心态，认为得不到某种回报就是吃亏了，对此你更要进行物质上的回馈，否则对方会极度失望，不会再和你发生一毛钱的关系。

有些销售员喜欢打出"谢绝还价"的牌子，看起来是一种避免对方砍价的策略，其实会让客户心里很不爽，他们会认为你不近人情，很难和你发生经济联系。因此对销售员来说，要学会和客户互惠互利，通常有以下三种方法。

第一，组合营销。

有些销售员的思维比较单一，交易一种产品就只针对这一种产品向客户介绍，结果忽略了客户的其他需求。其实，客户找到你或许是冲着某一种产品，但并不意味着对方除此之外什么都不需要了，所以销售员应当关注客户的"周边需求"——围绕目标产品之外的相关产品。比如，客户想要购买一台微波炉，你可以趁机向他推荐微波炉专用的器皿并告诉客户：因为购买了微波炉，所以再买这些器皿会有更大的优惠，这样一来，客户不仅会被你说动，还会认为你在为他考虑问题，当然这还不算完，在你向客户推荐微波炉专用器皿的时候，还可以关注客户是否有购买其他厨具的需求，以此类推，你会发现对方的许多潜在需求，当你给客户一个足够优惠的厨具大礼包作为回报时，客户很可能对你"感激涕零"。

第二，"反抗上级"。

这个"反抗"当然不是真的反抗，而是假装做出为客户考虑而违反相关规定的"伪反抗"，这个手段的高明之处在于，能够让客户认为你愿意跳出自身的利害关系，站在客户的角度考虑问题，甚至会认为你是一个内心正直的性情中人，容易交往。打个比方，客户想要购买一套清洁用具，已经看中了某个系列，但是你告诉他，这套用具搭配的赠品并不划算，因为公司想要捆绑销售中看不中用的低等餐具，说完这些以后，你再推荐给客户另外一套价格差别不大的清洁用具，并指出这套用具的优点，客户听了之后就会认为你不是死板地执行销售策略，是一个值得信赖的人，无形中就拉近了彼此的距离。当然，为了让客户不怀疑这是套路，你可以配合一些话术："说实话，我跟你确实挺投缘的，因为都在上海工作过……"或者"想不到你也认识××，那我得为你多考虑一下"，诸如此类，让客户认为你不是平白无故地为他考虑，增加说服的可信度。

第三，帮助客户计算收益。

这个收益并不单是指理财产品的金融收益，而是购买产品或者服务之后的回报比，因为销售员通常比客户更了解产品，所以你的专业分析会更有说服力。比如，客户从你手中选购了一台咖啡机作为店铺的盈利设施，你可以从专业的角度帮客户计算：购买这台机器之后能够吸引多少顾客，能够让多少顾客转化为长期客户以及为店面增加小资氛围，等等，你分析得越透彻详细，客户越会认为咖啡机的收益超过了投入，就容易和你保持长期的合作关系。

其实，互惠互利的方法有很多，但核心原则只有一条，那就是让客户感觉到你因为这次交易而感激对方，提出了一些非营销层面的建议或者给出了一些违反规定的赠品，等等，要让客户认为你在以个人行为去回馈对方，而不是企业行为或者品牌行为，这样客户才会更珍惜这种回报，也会对你产生进一步的信任感。一旦建立这种关系，你将会收获更多的回报，再以同样的方式回馈给客户，就形成了良性的交易关系，让双方都受益无穷。

第八章

不能忽视的谈判原则
——在讨价还价中锁住客户

　　讨价还价是销售中的一项重要内容，更是一门技术活。讨价还价不是退让，一个优秀的销售员，总能在谈判过程中灵活运用谈判技巧，在双赢的前提下，让对方心服口服。

1.用友商陪衬凸显价格优势

在销售工作中，我们为了让客户相信我们，单靠自吹自擂往往效果不大，需要借助一个对比的目标才更有说服力，这就是"对比效应"带来的好处。对比效应是指在绩效评定中，一方的绩效会影响对另一方的评定，也就是说，相同的刺激由于背景不同而产生了感觉差异。打个比方，将一种颜色放在比较暗的背景上就会看起来比较明亮，而如果放在比较明亮的背景上会显得比较暗淡。一个聪明的销售员，就会利用这个原理，寻找可以衬托自己优势的对比目标。

一位太太接到了一个男孩的电话，对方询问她需不需要除草工，太太说她家已经有工人了，男孩又说，他会帮助她拔掉花丛里的杂草，太太说她的除草工已经做完了。男孩接着说，他会帮她把走道四周的草割齐，太太说她家的除草工也已经做完了，不需要新的工人。男孩这才放下了电话，他的室友好奇地问："你不是就在她家除草吗？为什么还要打电话？"男孩回答："我只是想知道我做得有多好！"男孩的聪明之处在于，他用一个假想的"除草工"去和自己这个真实的除草工进行对比，以此来证明自己做得有多么出色，这就是用一个虚拟的"友商"来衬托他的优秀。

从营销心理的角度看，对比效应是针对受众目标心理的特定手段——能够在对方先入为主的固有思维上产生引导作用，从而加强关键信息的传递。根据表达方式的不同，对比式的表达可以分为选择对比和分解对比。

● 选择对比

选择对比的诀窍是用乙来证明甲，让乙起到衬托的作用，突出甲的价格优势，当然这不是直接贬低乙而抬高甲，因为如果乙是一个价格过于高昂的产品，那么只能证明甲是一个相对不贵的产品，而不能证明甲真的具有性价比。

某商场里有甲乙两个促销员，甲的销售业绩总是超过乙，这让乙困惑不解：明明自己也很卖力地向顾客推销，为何就卖不出去呢？后来，乙偷偷观察了甲的销售策略：每当有顾客来时，甲就向顾客推荐比较贵的产品，然后再介绍比较便宜的产品。相比之下，乙的销售策略正好相反：先向顾客推荐便宜的产品，然后才是贵的产品。其实，甲的成功正是得益于"选择对比"的灵活运用：当顾客先了解到价格高的产品时，会觉得定位偏高，不会马上购买，在接触了价格相对低的产品后，会认为便宜了不少，容易下定购买的决心。在沟通中，我们如果运用这种技巧就能轻易地说服客户。

选择对比根据沟通目的可以分成获益对比和止损对比两种，上述案例属于获益对比。顾客从几种不同的产品中选择性价比最高的，从而让自己的经济投入和效益回收成正比，这属于"两利相权取其重"。还有一种情况属于"两害相权取其轻"，也就是无论选择哪一个选项都不会给你带来获益，区别只在于止损程度的高低。比如，你与客户合作的一个项目蒙受了经济损失，有两种不同的解决方案，为了表达重点你就要用止损最少的和止损最多的进行对比，迫使对方做出抉择。当然，从本质上看，获益对比和止损对比都是选择对自己有利的结果，这就需要我们在表达的过程中站在对方的视角考虑问题，这样才更有说服力。

● 分解对比

分解对比的诀窍是将甲拆分为甲一、甲二、甲三，通过内部对比来强调甲。简而言之，就是将甲的价格构成拆分开来，通过依次展示给客户的方式，让对方明白这是物有所值而非漫天要价，让客户快速做出决策。

在一次商务谈判中，甲和乙作为公司代表轮番和客户商谈，甲谈了一番之后败下阵来，客户对甲的评价是："说了半天也没有说明产品为什么这么贵，让我们不得不重新考虑。"甲对此很委屈，他认为自己将产品的成本都说了出来，却无法让对方理解。很快，乙过去和客户谈判，也用了和甲差不多的时间，最终搞定了客户。甲询问乙是怎么做到的，乙说："我把产品的成本分为了四个部分，每个部分的成本是如何计算的都详细说了一遍，让客户明白这些原材料造价高是有原因的，所以客户就同意签单了。"原来，客户曾经做过采购商，知道产品核心原件的价值区间，因此他认为对方没有抬高价格，就打消了顾虑。

分解对比可以根据表述内容的不同细分为平行分解和递进分解两种。平行分解就是将甲拆分为关系对等的甲一和甲二，比如，你向客户描述你们产品的成本构成时，由于信息量较大，你可以按照组织功能的划分，将每个部分的造价分别讲给对方听，从而让客户明白定价的合理性。递进分解就是将甲拆分为具有先后次序的甲一和甲二，比如，你向客户介绍近几年产品涨价的幅度，从2017年开始依次谈到2018年和2019年，这样客户就明白市场的供求关系决定了价格的走高，也就理解你们定价的科学性与合理性，不会再提出降价要求了。

　　无论是选择对比还是分解对比，都是让客户明白产品的价格是符合价值规律的，而非宰客行为，这需要销售员在和客户沟通前做好准备，剖析自己要对客户讲的话，这样就能传递给对方最直观、最清晰的信息，确保交易的顺利进行。

2. 如何化解"迎风一刀斩"

作为销售员，遇到砍价的客户再正常不过了，砍价虽然让人讨厌，但也是人类消费生活的组成部分，甚至对某些人来说，不能砍价的交易不是愉快的交易。因此，销售员要理性看待这个现象，不能因为客户讨价还价就谢绝还价，应该见招拆招，既顺应了人心又确保自己的利益不受损害。

销售员和客户之间的砍价，如同一场看不见硝烟的战争，表面上大家PK的是价格，实际上是互相试探对方的底牌，一个优秀的销售员也许会输掉一次砍价大战，但是绝对不能输掉坚守底牌的心态，要用积极的应对策略化解客户的"迎风一刀斩"，这样才能保证业绩不倒。

一般来说，喜欢砍价的客户分成以下八种类型。

第一种，抱着试探心理的。

这种客户并不是坚定地要砍价，而是抱着试试看的态度，底气不是很足，所以你应该礼貌地拒绝对方："抱歉啊，我们现在的价格已经非常优惠了，真是把利润压缩到最低了。"通常听到这里，对方会就此打住。如果对方还有砍价的意愿，就要进一步观察对方的反应：如果仍然是继续试探的口吻，那就不要留给对方任何预期；如果态度略显强硬，就要用合理的话术去试探："对不起啊，我们的价格已经是最低了，如果您确实想要更优惠的价格，我们现在有一个满××赠××的活动，您要不要了解一下？"这样一来，即便对方是真心要砍价，听你这么一说也会放弃。

第二种，采用对比话术的。

这类客户不会直接跟你砍价，而是用其他商家的同类产品和你对比："你看××家的东西比你们便宜一半呢！"遇到这种客户不要慌，反而应该淡定，为什么？因为如果真有某个店铺的东西比你的还便宜且质量相当，那么客户为什么还要跟你多费口舌呢？既然客户来到你这里，这已经表明他在心里对你的产品有了初步的认同，只是希望再砍一砍价罢了。这时候销售员要做的就是建立信任感，坚定对方购买的意愿，比如可以这样说："感谢您的惠顾，我们的产品质量一直不错，口碑也很好，价格也是最低了，有些店铺虽然价格比我们便宜，但是售后服务有所欠缺，您如果不放心的话我可以给您延长保修期。"总之就是让客户知道，你卖的商品是物有所值，并没有为了打价格战在某些方面缩水。

第三种，发誓下次再来的。

这类客户的砍价手段就是"这次你给我算便宜点，我下次还来"或者"你给我打个折，我会推荐朋友过来的"。其实这种客户很好对付，因为当他们如此表达时，基本上打定了主意要购买，所以你不必因为害怕对方离开而降价，而是应该采用合理的话术加快交易。比如："我给您的价格已经是最低了，您很有眼光选择了我们，我们店里有一大批老客户，我也真诚地希望您成为其中的一员。"这样一来，对方就知道用"推荐朋友过来"无法说服你，因为你已经暗示了"有一大批老客户"，既然没有给对方心理预期，他也只能乖乖地去付款了。

第四种，措辞强硬的。

这类客户通常不是那么可爱，他们喜欢用威胁性的话砍价："如果不便宜的话我就去别人家看看了。"这时作为销售员要保持镇定，如果对方是诚心想买，你不降价他也会买，无非是想少花一点钱而已；如果对方不是诚心要买，那么你再降多少意义也不大，所以正确的做法是用让一小步的方式应对。比如："您看，我也是诚心想卖给您，我现在唯一能做的就是赠送您一份小礼品，这是满××元才能享有的优惠，您看您能接受吗？"话说到这个份上，对方通常也不会再固执地要求降价了。

第五种，卖惨装穷的。

这类客户往往具有一定的表演天赋，他们喜欢用"我兜里就剩这么一点儿钱了"或者"我刚参加工作，也没什么积蓄"之类的话让你可怜他，如果遇到这种人，销售员可以以其人之道还治其人之身。比如："真是不好意思，我们销售员也不好做，都是交了保证金的，店面每年都涨价，请您理解一下我，好吗？"对方见你也来卖惨，就知道你不会轻易让步，很可能就会乖乖付款了。

第六种，简单粗暴的。

这类客户通常脾气火爆、说话耿直，他们的砍价都是带着惊叹号的："你这东西什么都好！就是太贵了！"表面上看，这类客户很强势，其实他们的心机并不深，无非就是想砍砍价，那我们不如顺着他们的思维：既然你承认什么都好，那我就证明给你看。你可以这样应对："我们的产品确实如您所说，什么都好，有专利证书，有客户反馈，有明星代言，所以您想想看，这些都不需要花钱吗？我们的东西也对得起这个价钱啊。"当你条理清晰地列出商品的种种优点时，对方也就失去了硬着头皮砍价的勇气了。

第七种，不依不饶的。

这种客户属于死缠烂打的类型，他们有着充裕的时间和旺盛的精力，可能为了便宜几块钱和你砍价半小时，而且他们也没有多么高明的砍价口才，就是单纯地重复一句话："再便宜一点儿我就买了。"遇到这种客户，销售员不如直接放弃，因为对方的目的和乐趣不在于商品本身，而在于砍价的过程中，为了应对他会白白消耗不少时间，反而失去了和其他价值更高的客户交易的机会，得不偿失，所以应当态度坚决地告诉对方："对不起，价格已经最低了，您要是不满意的话建议再去别家看看，谢谢。"

第八种，寻找理由的。

这类客户总是能遇到一些"不幸"，比如身上带的钱不够了、信用卡余额不足了，等等，当然这要分两种情况：一种是对方可能真的遭遇了不幸，如果价钱差不多就卖给对方，他也会因为你的善解人意下次再来；另一种是对方在装可怜，如果砍价幅度不大也可以卖给他，但是如果幅度较大，最好告知对方："对不起价格已经触及底线了，要不您走分期付款方式？"总之，不同情况要区别对待，不能因为对方的某个借口就轻易让步，否则对方会得寸进尺。

砍价的类型有很多，砍价本身不可怕，可怕的是藏在下面的人心：有的人确实诚心想买但是囊中羞涩，有的人意愿不高纯粹是试探，也有的人就是为了占便宜抄底价……所以销售员的应对策略要依据客户的心理状态来决定。如果应对成功，你很可能会收获一个长期稳定的新客户。

其实，大多数情况下，当客户和你砍价时，基本上已经认同了你的商品，否则不会白白浪费时间和你磨牙，而这正是销售员应当保持冷静的底牌——你既然想买，主动权就在我的手里。因此，无论遇到哪一类客户，销售员都需要保持一颗沉稳之心，最终的胜利终究会属于你。

3.巧用客户占便宜的心理

砍价对客户来说，是一种成就感的获得，也是人性的潜在需求，作为销售员来说，如果不能满足客户的这种需求就显得有些"不够人道"，但是需要注意两个问题：第一，到底要满足客户多少次砍价？第二，到底要满足客户多大幅度的砍价？

如果把这两个问题进行对比，我们可以发现第二个问题对销售员而言更重要，因为让利的幅度太大，你的利益就会受到侵害。

那么，现在问题来了：让步幅度太大会损害销售员的利益，不让客户享受砍价的乐趣又是"不人道"，到底怎样才能知道客户能够接受的心理价位呢？其实，与其猜来猜去，不如开诚布公地问客户："我给您的已经是最低价格了，那么请问您的心理价位是多少呢？"通常对方听你这么一说，就会报出一个心理价位，不管这个价位有没有触碰你的底线，你都可以围绕它做出让步或者坚守底线。当然，也有客户不愿透露自己的心理价位，这是因为他们没有处于一个开放的心理环境中，也就是说对方认为你仅仅是在试探他的底线而不是真心要做出让步，所以避而不谈。为了避免这种情况发生，销售员应当在询问对方的心理价位之前，表现出足够的诚意，让客户知道你确实想和他交易，只是不知道该如何平衡双方的利益。

砍价的乐趣在于，客户期望产品的价格处于动态之中而非静态，所以千万不能把价格定得太死，也不能在第一次报价的时候就说"这已经是最低了"，这样客户就会失去参与这场游戏的兴趣。一个精明的销售员，应当要让客户在砍价中获得快感却又占不到多大便宜。那么，如何达到这一目的呢？我们需要把握以下五点。

第一，保持良好的情绪。

让客户享受砍价的乐趣，前提是你也不反对参与这场游戏，如果在讨价还价的过程中，你始终绷着一张阴沉晦暗的脸，明显表现出对客户的敌意，即便客户杀了价也会感到不爽，因为他知道你情绪不满，可能在最后付款的时刻突然变卦，或者认为你根本不懂消费心理学……于是你们就处于一种紧张甚至是完全对立的状态中，稍有用词不当就可能引发口角，无论对你还是对客户都是不利的。所以，无论客户怎么砍价，你都应当保持微笑，在微表情和小动作上展示出一种善意。

第二，以诚相待。

即便是再愚蠢的客户，他们也知道，只有你最了解产品的成本价、出厂价以及利润空间，他们能够做的只有一步步试探这个空间，但肯定无法准确地算出正确答案。正是受制于这种信息不对称，销售员就要表现出诚意，不能让客户觉得："我明明砍了不少，销售员怎么一副无动于衷的样子呢？难道我只砍到了皮毛吗？"一旦客户有这种想法，他们就会产生一种恐慌感，认为这场游戏自己依然是被捉弄的对象，也会渐渐丧失参与的乐趣。正确的做法是，一边和客户砍价，一边告诉客户最近的商业行情：产品为什么涨价或者降价，为什么同样的商品在不同的店面标价不同……这样客户会觉得这场游戏存在着基本的公平性，他们会乐于参与，也会对你渐渐给予信任。

第三，特殊照顾。

所谓特殊照顾，主要是针对新老客户而言，新客户有新客户的优惠原则，老客户有老客户的内部折扣，作为销售员要区别对待。比如，对待新客户可以传递这样的信息：因为你第一次买我们的东西，我想保持这种愉快的交易关系，所以给了你连老客户都享受不到的优惠；同理，销售员对老客户也要传递这样的信息：因为咱们不是第一次交易了，所以我特别照顾你才给了新客

户没有的折扣标准。当你做到这一点时，不同的客户群体就被
"分而治之"了。作为销售员不要忽略这一点，新客户喜欢砍价
是因为他们不知道你最终能让利多少，老客户会砍价是因为他们
想要提高自己的待遇，只有分别给予他们不同的优惠政策，才能
既满足对方砍价的需求又能维系合作关系。

第四，言而有信。

有些销售员缺乏基本的职业操守，在讨价还价的时候被客户
拿走了一部分利润，于是心有不甘，在客户付账时不兑现之前的
承诺，导致客户蒙羞受辱，一气之下再不往来，这是一种非常愚
蠢的做法。虽然客户和你砍价的时候没有证人在场，但你既然答
应降价就必须兑现，这是最基本的游戏规则，如果你破坏了这个
规则，客户在砍价中获得的乐趣就会荡然无存，对你会产生十分
糟糕的看法，即便你维护了自己的利益也是短暂的。在砍价大战
中，销售员不管做了什么样的错误决定，都不要后悔，只要答应
了客户就必须兑现，这也是吸引客户继续和你交易的底线。

第五，假装吃亏。

很多时候，客户砍价的最大快乐不在于少花了多少钱，而是
让你"吃了多少亏"，也就是你"被迫"做出的让步次数，这种
消费心理源于一种控制感。因此，当销售员在对客户进行让利之

后，不要表现出一副无所谓的样子，这样对方会觉得索然无味；同样，也不要一副慈善家的样子，好像让利给客户是在施舍救济一样……那么，究竟哪一种态度才对呢？标准答案是，销售员应该表现出一副"遇见你我认栽了"的样子，既有被迫让步的无奈，又有"吃点亏就当交个朋友"的态度，这样客户才会获得最大的快感，不至于有负罪感或者其他情绪，在感情层面和你走得更近——你为了留住对方做出了自我牺牲。

砍价不仅是一种经济行为，更是一种社交行为，只是社交的双方掺杂了利益关系——销售员多卖一块钱客户就得多花一块钱。不过，正是这种和金钱挂钩的关系，才让你的每一次让步变得更有价值，这也是客户认同你的关键：愿意降价是诚心交易的表现；愿意降价是真心留客的表现；愿意降价是接受博弈失败的表现……由此带给客户诸多胜利的快感，客户的情绪体验提高了，他对你的评价也会变高，对日后的交易往来起着重要的铺垫作用。从这个角度看，销售员真正卖给客户的不是商品，而是在消费过程中获得的成就感，而这正是大多数客户都看重的精神回报。

4. 卖产品更是卖概念

美国著名投资家查理·芒格说过一句话："想要得到某样东西的最好方法，就是让自己配得上它。"如果把这句话运用到营销上，那就是让客户认为自己选购的产品有足够价值，配得上相应的定价。这样，当客户想要和你讨价还价的时候，你就可以用产品的内在价值作为挡箭牌，即便对方再想砍价，也缺乏足够的底气。

很多销售员面对客户讨价还价的时候无所适从，其实只要在客户开口还价之前，你抢先一步把产品的内在价值讲出来，客户就会放弃这个想法；还有一些销售员，他们自己对产品的定价也心存怀疑，认为价格高了导致自己不好卖，其实这都是对产品价值了解不够造成的，或者说他们没有认清客户的购物心理：每个人都想购买符合自己身价甚至高于身价的产品，而销售员的作用就是满足客户的这种虚荣心，最好的方法就是通过产品价值来证明。一旦销售员掌握了这种技巧，在营销中就会如鱼得水。

展示产品的内在价值，需要注意四个基本点。

第一，从客户的角度看待产品价值。

虽然客户想要通过有档次的产品来证明自己的身份和地位，但这不能从销售员自身的角度去描述，因为商业性太强，也缺乏起码的诚意。所以，销售员要站在客户的立场上去分析产品的内在价值。这也是很多销售员没有认清的一个问题，有时他们过于功利化，急于拿下客户，所以在和对方沟通时总是希望能一步到位，没想到越是这样，越让客户心生疑虑。比如，客户想要购买一支高档钢笔，你不能一味地介绍该款钢笔的品牌价值——这些都属于硬性推广，无法让客户代入自身使用后的感觉，你可以这样推荐："这款钢笔价格不菲，论功能并没有特别之处，但是设计师在上面倾注的心血非常之大，已经成为网上流传的小故事，所以当您的朋友和客户看到您使用这款钢笔后，他们就会想到背后的传奇，对您也就有了新的认识，这种广而告之的方式花多少钱都买不来的。"当你为客户分析购买产品的无形收益后，对方就会认同你所说的，也就肯定了产品的内在价值。

第二，多进行有效的产品展示。

正如俗话所说，是骡子是马牵出来遛遛。销售员不要只靠着一张嘴去打动客户，要学会配合产品展示来增强说服力，让客户从感性上加深认识，唤起他们的购物冲动。对于一个优质的产品来说，安放在展示柜里是没有价值的，只有拿出来使用和展示，才能让客户在近距离接触中深度了解它的物有所值。当然，有些产品本身比较娇贵，并不适合频繁的触摸和使用，那就让客户多角度、零距离地观赏，让客户发现设计中的细节是多么精妙、外观色泽是多么高大上，这样也能获得客户的认同。如果是可以操作使用的，那就让客户亲手尝试一下，临时进入某个应用场景中，他们会在实际操作中快速地和产品培养交互关联，在情感层面表达出喜欢之情。有了实际体验，销售员再动员客户购买就会更有说服力。

第三，介绍产品的时候要扬长避短。

任何产品都有优点和缺陷，即便是高档次的产品也不例外，当然，我们所说的缺陷不能是致命的缺陷，比如影响产品使用的或者带来某种危害的，应该是不影响正常使用的小瑕疵，对于这种瑕疵，销售员可以轻描淡写地提出来但不要过多讲述，这倒不是刻意欺骗对方，而是对方还没有和产品发生关联之前，小瑕疵带来的负面印象是非常严重的，会让客户无心再去关注产品的优点，将给营销工作增加难度。因此，正确的做法是对产品扬长避短，多说它的优势，缺点可以一嘴带过或者采用暗示的方式表达出来。比如，客户想要购买一台空气加湿器，这款机器对湿度的控制十分智能，这是它的优点，缺点是有些耗电，那么你不妨这样向客户推荐："这款加湿器带有智能加湿的功能，而且针对不同的用户有预设的档位，比如老人或者儿童等，当然因为智能化功耗会略高一些，不过这和其他大家电相比也可以忽略不计了。"这样的表述方式，既提到了产品的优缺点，也没有过于明显地展示，客户也不会太过在意。这种强调产品优点而淡化缺点的方式，也极大地凸显了产品的内在价值，客户会觉得你的推荐既客观又全面。

第四，带着感情去向客户推荐。

有些销售员虽然对产品的资料了如指掌，但是在向客户介绍的时候却像是背书，缺乏富有感染力的语气和声调，让客户面对着一个"机器人导购"，这种体验是非常糟糕的，也很难打动客户，更让产品显得格调不高。所以，销售员应当学会用讲故事的方式去介绍产品，让客户听起来津津有味，听得入迷了，自然就对产品有了好感，购买的意愿度就提高了。比如，客户购买一套护肤用品，与其背课文似的剖析产品的成分，不如声情并茂地介绍："您可能不会想到，这套护肤品和它的创始人有一段离奇的故事呢！"客户一听就有了兴趣，而你可以趁势娓娓道来，客户听到妙处之后自然坚定了购买的欲望。需要注意的是，讲故事不要讲得太长，要注意观察客户是否有时间和耐心听下去，如果没有不如简单介绍一下，否则会适得其反。总之，销售员应当和产品建立情感纽带，不能呆板生硬地介绍，只有这样才能让客户被你的情绪所感染，也就深化了对产品内在价值的认识。

产品价值的展现，不仅关系到销售员的业绩，也影响着该产品的品牌形象，只有让客户充分感受到与价格相当的内在价值，他们才会渐渐收回砍价的意图，也会油然而生一种虚荣心：我购买了有价值的产品证明了我的身价。一旦做到这点，客户和你的交易往来会越发频繁和流畅，因为你出售给了客户高价值的物品，而这正是购物的乐趣所在。

5. 对待客户要以心度心

有的销售员能把客户变成朋友，也有的销售员把客户变成了敌人……为何差距如此之大？区别在于是否"以心度心"。如果你用阴谋诡计对付客户，得到的自然是一个敌人，如果能够为对方着想，换来的必然是朋友。那么，通过何种方式才能让我们和客户的关系更和谐呢？利用讨价还价来展开。

有的销售员把客户的还价行为视作洪水猛兽，认为这种客户只想着讨便宜，所以本能地提高警惕，和客户针锋相对地周旋起来，结果可能是两败俱伤，也可能是卖出了东西但惹了客户一肚子气……其实大可不必如此敏感，如果处理得当，销售员可以把讨价还价变成和客户增进信任的交流手段。

从消费心理的角度看，客户还价的行为本身并不带有什么恶意，但是销售员为了赚取利润往往会以攻击性的方式和对方你来我往，这就是用有意对抗无意，并不是以心度心的和平手段。如果换位思考一下，你为了便宜一点和销售员讨价，对方却毫不客气地还以颜色，你会是什么样的心情呢？事实上，只要把握五条原则，就能让讨价讨出感情来。

第一，借用讨价增加客户对你的信任。

有人会觉得诧异，讨价明明是一种摆在桌面上的谈判行为，怎么会让客户由此信任你呢？原因很简单，当你对客户做出让步的行为时，就意味着你并没有隐瞒商品的利润空间，客户会觉得你懂得市场法则，也是一个通情达理的人，反之，如果你严词拒绝了对方的讨价，客户只能对你保持着对抗心理，感情如何能"讨"出来呢？有时候，客户还价不是真的在乎那一点钱，而是想要看看你是否愿意让利给他，这是一种验证交易是否诚信的手段。

第二，借用讨价发掘客户的潜在需求。

客户讨价的时候，可能会提出各种理由，比如"预算超支了""身上的钱不够了""商品附带了一些不需要的东西"等，这时就需要你从中筛选有价值的信息，将话题暂时从价格转移到其他方面。比如，客户想购买一台打印机，但是因为看中的型号价钱较高就要求优惠一点："我知道你这台机器价格不算贵了，但是我还要购买一台扫描仪，你这里也没有，你给我打个七折也算成全我了。"对此你可以这样应对："我明白您的需求了，我们正好有一款带扫描功能的复合式打印机，整机价格肯定低于您同时购买打印机和扫描仪，要不我给您介绍一下？"客户一听就有了兴趣。你不仅化解了价格矛盾，还帮助客户做出了最优选择——将扫描和打印整合在一部机器上，既降低成本又节省了空间。而且，客户会认为你替他着想，信任度就提高了。

第三，借用讨价表示对客户的理解。

无论客户怎样还价，销售员都不要明显地强调立场、说一些过激的话，比如"我已经给你最低价了，你再砍价我就要喝西北风了"或者"真的不能再便宜了，你也不能让我一分钱都不赚吧"诸如此类的话，都是在刻意强调客户和销售员天然存在的对立关系，不利于关系的培养，正确的应对策略是：你虽然是销售员，但是需要理解客户还价的行为甚至做出让步。当然，这需要巧妙的话术帮衬，比如："我知道您预算有限，所以我已经向您推荐了性价比最高的一款，如果您还是觉得不能接受，我再给您推荐更实惠的一款好吗？"从表面上看你不断做出了牺牲，其实你只是从一个型号跳到了另一个型号，而且随着价位的走低，产品的质量和做工也会降到下一个档次，客户并没有占到什么便宜，但是也明白你的赚头越来越小了，思前想后就会放弃无理的还价，接受你的推荐。

第四，借用讨价向客户介绍产品的亮点。

营销中最可怕的事情，就是把讨价当成讨价，忘记了讨价还价的本身是对产品的价值讨论——如果一个产品物有所值，那么凭什么要无休止地降价呢？当你明白这个道理后，就可以在客户还价的时候描述产品的价值："我知道这款产品价格确实不低，不过您可以想想，为什么我们会定在这个价位上，因为这里面包含了设计师的心血，包含了海关的关税，包含了品牌价值，也包含了最一流的售后服务……选择我们产品的人，用并不很多的钱买走这么多有价值的东西，怎么看都是比我们还要精明吧？我相信您也是一样。"当你这样和客户沟通时，对方也会在不知不觉中认同价格，即便不认同，由于你把对方捧到了一个高位上，也就不好意思再继续还价了，你也乘此机会展现了作为销售员的专业素质。

第五，借用讨价认可客户的某些观点。

有些客户对产品比较了解，他们会通过专业挑毛病的方式来压低价格，遇到这种客户不要紧张，也不要直接反驳对方的观点，而是要在基本认同的前提下进行纠正。比如，客户对你出售的化肥价格感到不满，认为营养含量不值这个价钱，这时你可以先肯定对方的分析然后再纠正："您说的这些都对，单从营养元素的构成来看，这个牌子的化肥并没有比其他品牌高出多少，但是它有同类品牌不具备的潜在优点，就是对土壤的伤害性最小，能够减缓土壤酸度的变化，还能促进土壤微生物的生存，您是专业人士，难道认为多花一点钱为土地买平安不值吗？"这样去说服客户，既没有否定他还价的理由，也指出了产品的差异价值所在，让客户认为你是一个说话有理有据、专业知识过硬的销售员，也就不会一味再砍价了。

以心度心，就是多从客户的角度考虑问题，对方担心什么，你就为他化解什么，这样很多矛盾就能从"讨价"这个主题上迁移出去，缓和客户的某些负面情绪，从而增加对你的信任和尊重。总之，不要因为一点利益的得失把自己和客户对立起来，这样就在大方向上犯了错误，无论你有多么聪明的头脑和灵活的唇舌，都会因为立场不同引起客户的警惕和反感，更不要说建立更亲密的情感沟通了。如果你能在客户对价格提出异议时帮助对方解决问题，那么你就不用仅靠让利来挽留客户，还能收获一段新的合作关系。

第九章

提升职业素养
——一个销售员的自我修养

对销售人员来说，从平凡到卓越，需要积极的心态、明确的目标以及坚定不移的毅力。突破销售的瓶颈，往往在于最后那一刻的坚持。用嘴不如用心，销售技巧固然重要，但心理修炼更胜一筹，任何事情都敌不过自己拥有一颗强人的心。

1. 好销售员都是被骂出来的

　　人们常说，压力是成长的熔炉。对于一个销售员而言更是如此——每天面对形形色色的客户，如果没有一颗强大的心脏，是难以胜任的。从某种意义上讲，好的销售员不是被客户夸出来的，而是被骂出来的。只有具备了过硬的心理素质，才能迎接一切挑战并摘取胜利的桂冠。

　　1914年，爱迪生创办的世界上第一座工业实验室遭遇火灾，彻底被毁，然而当爱迪生的儿子找到父亲时，发现他异常平静地看着熊熊燃烧的火焰，还让儿子去叫他的母亲来观看。第二天，爱迪生安慰大家说："这场大火烧光了我们所有的错误，我们又可以从头开始了。"对爱迪生来说，研究成果和设备付之一炬几乎是灭顶之灾，然而他没有被灾难和压力吓倒，反而将其看成接近真理更进一步的阶梯，这就是一种强大的精神内力。

　　美国西点军校有一项专门针对新生的"坚毅测试"，专门测试一个人的抗打击能力。西点军校认为，一个人拥有高智商和高情商还不够，只有学会承受屈辱和磨难，未来才能走到更高的维度。

那么，如何在销售工作中练就一颗强大的心脏呢？要从以下四方面入手。

第一，敢面见客户。

任何人都会在潜意识中抗拒陌生人，哪怕对方十分礼貌地和你打招呼、递名片、做自我介绍……你和对方依然会保持一定的心理距离。正因为如此，很多新销售员都害怕去见客户，但如果不敢敲开客户的门，你就永远拉不到一单生意，而且你永远都不会知道自己的销售潜能有多大。有的推销员害怕见到客户的冷脸，一见到客户对自己没有笑脸就转身离去，连尝试的勇气都没有。其实，客户原本就没有理由对你微笑，因为你是不请自来，你要做的是带给客户眼前一亮的产品或者是引人入胜的开场白，即便客户对你说"出去出去，我正忙着呢"之类的粗鲁言辞，也应当笑脸相迎，因为对方未必真的很忙，只是本能地排斥上门推销这种形式而已，你要做的是改变客户的观念，哪怕坚持三分钟的介绍，也可能让客户回心转意，毕竟人心都是肉长的，一张笑脸不会连续遭到粗暴的对待，关键在于你能否说服自己迈出第一步。

第二，不怕麻烦。

有些销售员总是抱着多一事不如少一事的心态处理事务。如果客户要求太多，就想直接拒绝，生怕给自己找麻烦。其实，销售员没有选择客户的权力，只要客户提出的要求不是非常过分，都应当尽量满足。有的销售员因为怕担风险，只接待熟悉的客人，然而熟客数量终究有限，而且熟客也未必绝对忠诚，总有流失的可能，只有不断开拓新的客户资源，才能保证业绩平稳上升。

小梁跟进了一个客户两年，为了从几十个竞争对手中保住客户，客户一有什么事情，他都会在第一时间回复并妥善解决，哪怕休息日也从不耽误。有时候客户脾气不好，对小梁办的事情不满意，小梁也会笑脸相迎，承认错误。在他的坚持下，那几十个竞争对手终于彻底死心，先后离去，客户也对他越来越信任。

对销售员来说，客户不是专属于聪明人的，更不是专属于狠心人的，而是专属于脸皮厚的人的，只要你能咬着牙做别人不愿意做的事，不怕麻烦，那么你就能最终击败对手，赢得更多的客户资源。

第三，不怕做无用功。

有些销售员畏惧失败，尤其是忍受了客户的刁难和责骂之后却没有达到预期目标，就认为自己吃了大亏，不想重蹈覆辙，于是在接待客户的时候变得十分挑剔和敏感，一旦对方说了不舒服的话就拂袖而去甚至还以颜色。其实，销售本来就是勤行，如果脑子里总是计算着利害得失，那么永远也无法在业绩上有所突破。至于客户的刁难，你完全可以看成是一种磨炼和考验，毕竟客户交给你的是真金白银，而你给他的却未必是质量过硬的真货，客户对你有所忌惮也是人之常情。所以，当客户让你先做一个样品时，不要在意客户给了多少钱，要把眼光放得长远，多想想关系确立之后的利益得失，你就能直面客户的一系列要求了。

第四，无惧责骂。

林子大了，什么鸟儿都有，客户有素质高的，也有素质低的，即便素质高的客户，也会有心情不好的时候，也就是说任何一个客户都有可能对销售员发难。但是只要不是恶意的、针对人格的咒骂，大多数责骂都是无谓的。韩信能忍受胯下之辱，勾践能甘于卧薪尝胆，这些都是为了获得更大成功而必须付出的代价。换句话说，你想让自己获得多大的业绩，就一定要付出相应的代价。如果你安于每个月收入千把块钱的现状，那么当客户态度不好时，你可以让他走人，当然，这样一来，你就失去了挖掘自身潜力的机会，你也注定成不了一个优秀的销售员。

一个优秀的销售员，背后往往隐藏着辛酸的故事，正因为他们品尝过别人没有尝过的苦滋味，所以才能登临别人没有达到的高境界。怀揣一颗玻璃心的人，即便不做销售员，也会被日常生活伤得心力交瘁，因为只要有人就会有冲突，而只有把冲突转变为磨炼自我的机会，再将机会转变为业绩，才能证明你具备了优秀销售员的潜力。

2. 别让客户说"不"

在和客户沟通中，恐怕很多销售员最不愿听到的一个字就是"不"了，因为这往往代表着客户不想购买、不想原价购买、不想现在购买……其结果就是影响交易进度。因此，很多销售员听到"不"之后，会本能地情绪低落，认为一切都已经结束，以至于形成一种固化思维。其实，被客户拒绝是很正常的事情，这是对一个销售员最基本的心理考验。当然，一个优秀的销售员，不仅不害怕客户说"不"，也能让客户把说出口的"不"再收回去。

那么，销售员如何才能让客户说"好"呢？首先我们要知道，极少有客户在第一次被推销产品时，或者第一次偶遇某种产品时就打定主意购买，这是一种常态。因此，销售员要根据这个常态编写让客户说"好"的营销剧本。

● 用真实的热情打消客户说"不"的欲望

虽然每个销售员都知道要礼貌对待客户，但不是所有人都真正参悟到了这一点，有的销售员认为对客户笑一笑，说几句恭维话，就算是对客户展示热情了。其实这只是表层次的热情，真正的热情是让客户觉得这份热情只属于他一个人。

我们先来看一段对话。

销售员：您好，我能为您做些什么吗？

客户：暂时不需要，我就是随便看看。

销售员：你看中了哪一款，我可以帮您介绍一下。

客户：先不用了。

销售员：您觉得这款怎么样，这是新上市的，价格优惠，还有很多赠品……

客户：不了，我到别处再看看……

在这段对话里，销售员的措辞礼貌周到，热情有加，但这热情明显过于泛泛，对任何人都适用，让客户感觉你在生硬地做推销，所以也还给你三个"不"字。

我们再来看一段对话。

销售员：先生您好，这么热的天一定渴了吧，我们这有凉水。

客户：那给我来一杯吧。

销售员：这边有椅子，您要是逛累了先歇一会儿。

客户：谢谢。

销售员：您有什么需要的，我可以帮您推荐一下。

客户：好的，那你帮我介绍介绍这个吧。

在这段对话里，销售员没有开门见山地提出为客户介绍产品，而是关心客户渴不渴、累不累这些问题，这是一种体贴入微的热情而非敷衍式的热情，客户会感觉到一种善意，所以就很难把"不"字说出口。

● 用精确的描述打消客户说"不"的理由

很多时候，客户拒绝推销是因为对方完全不了解他的需求，就像我们经常接到的推销电话，有的人上来就问你是否需要汽车用品，而你可能没有车也没有购车的计划，自然就会一口拒绝对方，这就是没有找准营销目标造成的。所以，想让客户接受你的推荐，就要一开口让对方知道你了解他的需求，这才有继续沟通的余地。

我们先来看一段对话。

销售员：您好，需要抽油烟机是吧？喜欢哪一款可以帮您介绍一下。

客户：我先看看。

销售员：这款是进口的，现在打七折。

客户：我再看看。

销售员：这款卖得最好，性价比最高。

客户：嗯。

销售员：这款是刚来的，自动清洁功能很强。

客户：不了，谢谢。

在这段对话中，销售员太急功近利，虽然说了很多话，但都没有说到点子上，客户走到厨具销售区域，也许只是随便转转，不要误以为对方一定想要一部抽油烟机，这种看似"知道你想买什么"的话术有些愚蠢，客户很可能会想："其实你不知道我需要什么。"于是只能走人了。

我们再来看一段对话。

销售员：阿姨您好，是来看抽油烟机的吗？

客户：随便看看。

销售员：看您买了儿童玩具，估计是有第三代人了，逢年过节一大家子人多热闹的，就是做菜也挺辛苦。

客户：是啊，我儿子他们回来，高兴是高兴，但是每次都能忙活一天。

销售员：所以我觉得您需要一台功率大的抽油烟机，几个炉灶同时做菜也能应付过来。

客户：那好，你给我推荐几个吧。

在这段对话中，销售员很快锁定了客户的特征：一个年长的、要操持一大家人饮食起居的主事人。这种描述清晰地锁定了客户类型和潜在需求，让客户认为你会为她做出正确的选择，所以就不会拒绝。

● 用足够的坚持让客户放弃说"不"

当你口才不是很强、识人能力又不是非常精通的时候，别着急，你依然有可能避免让客户说"不"，因为你可以通过不懈的坚持一步步打消对方的戒备心理。当然，在最终目的达到前，客户很可能会对你说出若干个"不"，但是这没有关系，决定生意成败的在于最后几句话。有人认为，这种所谓的坚持是一种死脑筋，并无技巧可言，其实不然，那些顶级的销售员，都善于在客户的若干个"不"中频繁切换角度，分析客户拒绝的真正原因，换句话说，当客户对你说的"不"越多时，你就越容易接近"好"了。

我们来看一段对话。

销售员：您想买吗？

客户：不想。

销售员：您曾经说过，想要在产品销售旺季之前收到产品，如果我们能准时给您送货，您是不是就有购买的意向了？

客户：不一定。

销售员：我看您对我们的豪华套餐有点兴趣，我们可以按照您的特殊需求进行定制，您看这样可以吗？

客户：暂时不用了。

销售员：也许资金是您正在考虑的问题，我们有分期付款的方式交易，您觉得可以吗？

客户：我想想吧。

销售员：我非常理解您，因为这涉及贵公司的资金链问题，不过，如果您能在销售旺季前购买产品，对贵公司的盈利也是非常有帮助的，毕竟现在交易，我们可以将分期付款的利息降到最低，您觉得呢？

客户：那好。

在这段对话中，客户一连说了三个"不"，换作一般的销售员可能会打退堂鼓了，但是这位销售员却通过解答这些"不"而越来越接近真相：客户之所以拒绝，不是因为对产品没有兴趣，而是希望以低利息分期付款购买。所以当客户说出"我想想吧"的时候，销售员就知道已经揭开了真相，最终锁定了客户的核心诉求，完成了交易。

其实，客户口中的"不"，并不是销售员停止推销的路标，而是让客户整理思绪的信号：客户到底忌惮什么？客户到底想获得什么？只有搞清这一系列问题，才能让客户把"不"换成"好"；相反，如果一听到"不"就放弃，那相当于给客户做了一次免费热身运动，让他们对自己的需求更加明确，当他们换了新销售员之后，很可能会直接成交，而你则成了牺牲品。换一个角度看，如果每个客户都只会说"好"，那么这个世界还需要销售员吗？

3.预防被客户"反洗脑"

　　销售员总是希望对客户施展"洗脑大法"，让他们毫不犹豫地购买最贵的东西并建立长期稳定的合作关系，从某种意义上讲，销售员确实需要懂得"洗脑术"。但力的作用是相互的，你在琢磨着如何对客户洗脑的同时，客户也可能会对你"反洗脑"。

　　一位销售员带着产品和采购经理见面，销售员很积极地把产品介绍和产品报价单递给了经理，然而经理看了之后撇撇嘴说："你们的产品价格为什么这么贵呢？我知道有一家和你做相同产品的公司，价格比你们低很多。"销售员一听就有些尴尬，下意识地回了一句："应该不会出现这种情况吧。"谁知经理马上底气十足地说："怎么不可能，我们和那家公司合作过，而且你们不光价格贵，距离还非常远，一旦出现售后问题，解决周期会很长。"销售员一时间不知如何应对，采购经理又接着说了一大通，最后销售员灰溜溜地走了。

　　从这个案例可以看出，采购经理只用了几分钟的时间就把销售员"反洗脑"了，销售员不仅没有拿到订单，还把公司的面子丢了。事实上，很多新销售员都会遭遇这种情况，他们每天在外面辛劳地奔波，却一无所获，回到公司之后还会发出各种抱怨，比如，公司的实力不够强，产品的牌子不够有知名度，等等，浑身上下充满负能量。为何会出现这种情况？这是因为他们已经被客户"反洗脑"了，不仅对产品失去了信心，也对自己的能力产生了严重的怀疑。

归纳起来，销售员被客户"反洗脑"主要有两个原因。

第一，对自己的产品缺乏信心。

通常这可以分两种情况来看待：第一，你的产品确实不好；第二，你对产品不够了解误以为不好。如果是第一种情况，你就要将目标客户锁定在对价格敏感而对产品质量不敏感的客户身上，这样在营销时会转移对方的注意力，给你减少营销压力；如果是第二种情况，你就要深入了解产品的内涵以及品牌蕴藏的价值，把这些讲给客户听，增强自己对产品的信心。

第二，对客户了解不够。

很多销售员宁可专攻老客户，也不愿开辟新客户，这是对陌生客户的一种无端恐惧。其实大多数客户并没有多少恶意，不能因为偶尔遇到的低素质客户就畏首畏尾，否则你只能在原有的熟客圈里转来转去，难以有业绩突破。

既然被客户"反洗脑"如此可怕，那么销售员该怎样避免呢？

● 不要因为客户拒绝就慌乱

有的销售员认为，客户开口拒绝就是对产品有抵触情绪，殊不知嫌货才是买货人，不能因为对方挑剔就沉不住气，底气没了，你的立场也就丢了，客户更会觉得你推销的产品没有竞争力。作为销售员，你要清晰地传递给客户一个信息——我的产品就是值这个价钱，如果非要降价，可以选择更低档次的产品。打个比方，当你遇到前述案例提到的那个采购经理，当对方抱怨你的产品比同类产品贵的时候，你可以说你们附加了很多优质的增值服务，总之，一定要为产品的高价找到理由，绝不能在明面上输给对方。

● 不要因为客户质疑而不敢回答

有的客户不仅挑剔，而且对行业内的情况比较了解，常常把问题问到点子上，导致一些销售员无法对答如流，思路完全被对方牵着走。遇到这种情况，销售员要扬长避短，用擅长的知识去应对，比如，客户将你的产品和竞争对手比较之后，认为你的产品不具备明显的优势，那么你不妨如此回答："您说的是事实，对方的价格比我们低5%，不过我们提供5年的维修服务，而且配备的都是专业的维修师，而对方都是外包的维修师，缺乏专业知识和设备，有可能在维修的时候更换不匹配的零部件，导致设备的使用寿命缩短，如果您想自己雇佣维修师会花费不少钱。"毕竟客户仅仅了解表面问题，对你们产品的具体售后情况不甚了了，你流利的应答会将他的咄咄逼人完全破解。

● 把专家搬出来应对

不管客户对你的产品有多大偏见，他们对专家的权威通常是畏惧的，所以当客户对你产生怀疑时，不如拿出专家的专业分析和相关数据，让对方找不到否定的理由。即便对方掌握了一些数据，你也可以借用专家提出的某些理论去反驳对方，除非客户就是摆明了要和你作对，否则不会和权威做辩论，因为谁都不想被人说成"不懂装懂"。

● 建立一套针对性的批判标准

当客户试图对你"反洗脑"的时候，首先会拿出一套评价产品好坏的标准，这个标准可能是你的竞争对手做的，也可能是客户自己做的，一个聪明的销售员，应当先和客户探讨这套标准制定的依据，并不是让你否定对方，起码要知道对方认为的"好"是什么，先统一概念再争论，如果客户不依不饶，那就拿出你的标准去和对方辩论，客户再较真下去也没有意思了。

● 与其被动还手，不如主动出击

最好的防守就是进攻，与其坐等客户对你"反洗脑"，不如抢先一步将对方洗脑，把主动权握在自己手里，也就是将客户最关心的信息传递出去，主动回答对方可能提出的疑问。比如，你想对客户推销一盒高档巧克力，通常会这样开场："这盒巧克力品质上乘，不仅适合送礼，自己留着吃也非常划算。"然而客户马上说："吃巧克力会对牙齿不好，还容易发胖，我不打算买了。"这时作为销售员要变被动为主动："如果怕发胖那就多运动，怕牙齿变坏就多注意清洁口腔，其实这些都不是巧克力造成的，其他食物也会出现这种情况。"这样一来，客户针对巧克力的所有质疑都被堵死了，而你则避免了被"反洗脑"。

任何销售过程，都是一次思想交锋：客户在盘算着如何少花钱、是不是要购买你的产品等问题，而销售员则会猜测客户是不是诚心购买、怎样让客户增加交易额度等问题……双方会在这种心理暗战中读取并干扰对方的思想，谁的逻辑更清晰，谁的情绪更稳定，谁就能成功操控对方的思想，保证自己利益的最大化。

4. 会铺垫就成功了一半

美国营销界有一条"7秒钟定律",是指客户会在7秒钟之内决定是否购买某件商品。换句话说,如果销售员和他们推销的产品给客户留下美好的第一印象,将会直接增强客户的购买欲望。当然,销售员给客户的良好印象包含了多方面,既有字面意义上的产品形象和个人形象,也包括营销话术是否精彩等,它们都直接或间接地决定了营销的成败。

良好的个人形象,包括得体的衣着打扮和沉稳的举手投足。比如,销售员要注意自己的表情和动作,保持适度的微笑,这样能够缓解尴尬或者紧张的气氛;和客户握手或者递名片的时候,要掌握好距离和力度,等等。

有了良好的个人形象,客户才会对你产生信任,才能有更进一步的交流,让你的销售业绩有提升的余地。那么接下来要做的就是为营销话术做好铺垫。在和客户的交流中,难免会存在信息不对称的情况,这会严重影响信息的传递,只有做好铺垫才能让客户了解你推荐的产品。

如果你是一个化妆品推销员，面对客户推荐产品时，可以先做如下铺垫："这位女士，您知道吗？如今不少有身份的人都开始使用国际高科技的抗衰老产品，它能够让自己保持年轻和美丽。我们这款产品正是针对您这种有身份、有品位的顾客。"在这段营销话术中，你要表达的内容是"你需要使用这款抗衰老的产品"，而"有身份"和"有品位"则起到了铺垫作用，让顾客觉得被你重视，是一种比较隐蔽的、自然的恭维，有了这层铺垫，客户就无法拒绝你，因为拒绝就等于承认自己"没有身份和品位"。

在营销工作中，销售员需要和客户保持交流的可持续性，这在商业营销和情感维系上都有重要意义。如果将营销比作剥洋葱，那么每剥掉一层就能让沟通的程度更近一层，而每一层洋葱皮就是铺垫的内容，有了铺垫做基础，就不会让后续的推销显得生硬。具体来说，要注意四方面的技巧。

第一，要掌握措辞表达。

铺垫是为营销而服务的，所以消除彼此的心理距离是首要目的，这涉及一些小技巧，比如，在交谈中多次提及客户的尊称或者职务，这样会增强对方的被尊重感，让沟通氛围变得融洽和亲切，让对方愿意关注你推荐的产品；另一种常用技巧是暗示法，通过暗中传递信息的方式让对方放松警惕，避免因为理性思考而导致话题僵持等不利局面，就好比在硬木沙发上铺垫子，坐上去就会感到很舒服。

打个比方，你想跟客户谈一个招商项目，先找到了一个中间人，可是他对招商并不了解，面对这类有话语权却缺乏经验的沟通对象可以这样表达："我是山东人，性格比较直爽，做事干脆，今天和您见面很投缘，觉得您和我的脾气很像，希望在您的引荐下不虚此行。像我们这种跑业务的人，虽然接触的人不少，但是遇到的有魄力的人却不多，您是其中一个。"在这段自我介绍中，"您和我的脾气很像"就暗示了对方和自己一样"做事干脆"，为恭维对方起到了铺垫作用——既然您是一个做事干脆的人，如果没有异议的话，请帮我和招商单位牵线搭桥。这样一来，对方就会对你产生良好的印象，自然愿意帮你联系业务。

第二，学会听对方的表述。

铺垫的最终目的是让客户接受你推荐的产品，所以要在沟通中分析对方的好恶，避免产生排斥心理。如果对方喜欢电话沟通，那么就不要用线上聊天的方式打扰对方，或者对方喜欢在吃饭时谈工作，那就尽量减少在工作场合沟通业务……只有照顾到这些细节问题，才能打造良好的交流环境。

在听对方的表述时需要关注一个重要信息，那就是对方的痛点，这个痛点可以是商业层面的"需求问题"，也可以是日常沟通中的"心结问题"，只有锁定这个焦点并分析成因，才能找准铺垫的目标。比如，你想向一位家长介绍你们的幼儿园，对方可能担心孩子会受到虐待，在沟通中委婉地触及这个话题："不知道你们幼儿园老师的年龄都多大，是否有孩子。"其实这段话的隐含意思是——你们的老师是否已为人父母？如果有了自己的孩子，对待别人的孩子应该不会太粗暴吧？——从侧面打探幼教的个人阅历情况。为了打消对方的顾虑，你可以说："我们大部分老师都已婚已育了，也有少部分未婚的，不过都有相应的资格证书，理论扎实，实践经验丰富，另外我们的监控系统配备完善，您大可不必担心。"这就为"我们幼儿园符合您的要求"的营销目标做了铺垫，打消了对方的顾虑。

第三，保持乐观的心态。

做铺垫的时候客户可能会有不耐烦的表现，这时候需要保持冷静的心态，按照你的谈话大纲逐步推进。比如，你想获得一个家用电器的代理权，找到了厂家的对接人员后，必然要介绍己方的实力。"我们公司已经连续5年代理同类产品，对市场和消费者十分了解……"这句话就是针对"我们有资格拿下代理权"做出的铺垫，如果对方担心你会代理竞争对手的品牌，那他可能会转移话题："你们都代理了哪些品牌？如果同类产品过多会不会影响我们的销售？"面对这种带有质疑的提问，你只有保持耐心和冷静才能让沟通继续。你不妨这样回答："您的顾虑是很正常的，我们虽然同时代理多个品牌，但是会将优势资源集中在像您公司这样市场排名靠前的合作方上……"这样从容不迫的回答既能打消对方的疑惑，也为后续的沟通做了铺垫——我们过来争取代理权本身就是择优的结果。

第四，不能歪曲客观事实。

有些销售员将铺垫理解为戴高帽、拍马屁，这是错误的认识。铺垫要以事实为根据，才能起到承上启下的作用，绝不能严重脱离事实。比如，你是做美容产品的，在赞美一个女客户时，明明对方皮肤黝黑却夸人家皮肤白皙，只能让对方感到你在刻意奉承，而你接下来想表达的重点也会被理解为浮夸不实，铺垫就起了反作用。其实，人人都有优点可赞，只要仔细观察都能找到切入点。

铺垫的终极目的是为销售员推荐产品清扫障碍，让你在一次沟通不成的情况下还有二次沟通的机会，这需要销售员对客户有正确的了解和足够的诚意。简而言之，铺垫是营销话术中的"虚招"，只要运用得法，就能令你的销售业绩迅猛提升。

5.销售员一定要看的禁忌语录

俗话说:良言一句三冬暖,恶语伤人六月寒。销售员在和客户沟通时要注意自己说的每一句话给对方带来的情绪影响,特别是面对那种内心丰富、神经敏感的客户,一句不得体的话不仅会伤害到对方,还会损害销售员自身甚至公司的形象和口碑。其实,每个人都有禁忌的话题或者不利沟通的时机,这些都是在营销中可能会遭遇的"雷区",如果销售员触碰了这些"雷区"就会影响沟通的效果。

● 不说批判性的话

销售员不能对客户提出的观点直接予以否决,即便对方说的是错的,也要委婉巧妙地指出错在哪里。

比如,客户说想要一款太阳能充电的设备,但是客户的使用环境很少能见到阳光,作为销售员不能直接说对方是错的,而是应当迂回一些,说:"太阳能确实很方便,不过考虑到您的使用环境,我建议您还是选择充电型的,价格还便宜很多,您觉得呢?"这样的沟通才能让对方有继续下去的意愿。

● 少说专业术语

有些销售员为了显示自己的专业，总是将术语挂在嘴边，结果弄得客户如坠五里云雾，根本听不懂你在说什么，以至于对你产生反感。

比如，你想推荐一款手机，却处处使用简称，说："这款手机的ID（外观设计）很靓，MD（结构）是最新式的，Toolings（开模）也是花了心思的……"想想看，客户还会愿意听你说下去吗？作为销售员要讲究有效沟通，而"有效"的核心就是让客户听得明白。

● 不说主观性的话

销售员虽然掌握一定的专业知识，但不代表你的所有观点都是正确的，特别是客户的使用需求你不可能完全了解，所以主观性的话会让对方讨厌，比如，"我觉得这件衣服不适合你，穿着显得年龄偏大。"殊不知，客户其实很中意这件衣服，而你主观上的不喜欢等于否定了对方的品位，这样交易就很难完成。有经验的销售员，会先附和客户的观点，然后心平气和地讨论，再将话题转移到产品上。

● 不说夸大的话

销售员不能为了追求业绩盲目地夸大产品，这是对客户的欺骗，就算勉强成交一单也不会有后续的合作，还会影响到你在圈子里的信誉。比如，你向客户推荐一款数码卡片机，却吹出了堪比单反相机画质的广告词："这款相机无论是锐度还是色彩还原度，都能和单反相机相媲美……"这样没有底线的推荐，客户只能认为你是干传销出身的，对使用者毫无责任心。所以，一个负责的销售员必须学会站在客户的角度理性看待产品，才能让客户心服口服地接受你的推荐。

● 避谈隐私

销售员可以适度和客户唠唠家常，但最终目的还是为了卖出产品，而不是为了窥探对方的隐私。然而，有些销售员聊着聊着就跑题了，开始打听起客户的隐私问题。"不知道你选购这款香水是送给谁呢？老婆还是情人？"这种直击隐私的询问只能让对方甩头走人。

● 不要说攻击友商的话

有些销售员喜欢在推荐自家产品的时候贬低友商，以此来凸显自己推荐的产品价值，比如，"您还是选购我们家的产品吧，××的东西就是看着好看，其实不耐用，都是人傻钱多的人才买……"这种表达方式很不明智，因为你不知道客户对友商的产品了解多少，很可能人家曾经也是"死忠粉"，所以这种推荐方式很不合适，会让你和你的产品形象一落千丈。

● 不要说质疑对方的话

有的销售员不容许客户和自己有相左的意见，经常会把"你懂吗""你知道吗"之类的话挂在嘴边，质疑客户的理解能力，这也是沟通中的大忌。没有谁是傻子，也没有谁的脾气是无限包容，所以不要粗暴地驳斥客户，要维护对方的面子。

● 不说不雅之词

不管你的客户层次如何，作为销售员都应当保持基本的涵养，不能将脏话挂在嘴边，哪怕这些话不是冲着客户说的，也会影响客户对你的看法。另外，还有一些敏感的词汇也要禁用，比如，在保险行业，本身就是和生死病残存在交集，所以"死亡""瘫痪"之类的话不能说出口，可以用"不测""身体出现意外状况"等话替代，否则会让客户听着十分不舒服。

● 少说题外话

有些销售员在和客户闲聊时，会有意无意扯上和政治、宗教之类的话题，除非你能百分之百确定和对方保持相同的观点，否则一句"我觉得信××不好"就能引起对方的敌意，甚至可能惹上官司，对销售员绝无益处。总而言之，闲聊不是禁忌，但谈论敏感话题就是大忌。

● 少说枯燥无趣的话

在和客户沟通时，免不了会遇到一些枯燥的话题，比如，有关产品的某些技术参数，等等，即便你能够倒背如流，也不要以此向客户炫技，因为客户可能对此毫无兴趣，与其堆砌数字不如将其替换成有趣的小故事、小笑话，这样才能提起客户关注的兴趣。

销售员的禁忌语录远不止于此，以上只是常见的几种举例说明。其实，禁忌语录很容易总结归纳：只要把自己想象成客户，就能感受到对方在相同的情景下想要听到的话和不想听到的话，这就是用同理心去做营销。对销售员而言，一句话未必能促成交易，但很可能得罪客户，所以在开口前一定要在脑子里演练一遍，这样才能确保万无一失。